I0458866

Il grande libro del Maltipoo

David **Anderson**

Dati di Catalogazione

David Anderson

Il grande libro del Maltipoo ----Prima edizione.

Sommario: "Crescere con successo un Maltipoo dal cucciolo alla vecchiaia" – Fornito dall'editore.

ISBN: 978-1-961846-74-6

[1. Maltipoos --- Saggistica] I. Titolo.

Questo libro è stato scritto con l'intento di fornire informazioni accurate e autorevoli riguardo all'argomento trattato. Sebbene ogni ragionevole precauzione sia stata adottata nella preparazione di questo libro, l'autore e l'editore declinano espressamente ogni responsabilità per eventuali errori, omissioni o effetti avversi derivanti dall'uso o dall'applicazione delle informazioni contenute all'interno. Le tecniche e i suggerimenti devono essere utilizzati a discrezione del lettore e non intendono sostituire l'assistenza veterinaria professionale. Se sospettate un problema medico nel vostro cane, consultate il vostro veterinario.

Design di Sorin Rădulescu

Prima edizione italiana, 2025

INDICE

INTRODUZIONE
Il cane perfetto: sembra un sogno, ma è possibile?

La risposta è sì, se hai un Maltipoo. I Maltipoo sono un incrocio tra Barboni e Maltesi. Sia i Barboni che i Maltesi sono molto apprezzati come cani da esposizione e fedeli cani da compagnia, ma presentano alcuni difetti che rendono la maggior parte dei proprietari diffidenti nei loro confronti. Quando vengono incrociati, producono la combinazione perfetta di cui nessuno può fare a meno di innamorarsi.

I Maltipoo sono un concentrato di perfezione che combina la giusta dose di personalità, vivacità, dolcezza ed energia. Nonostante tutto questo carattere, adorano accoccolarsi sulle tue gambe: non a caso, i Maltipoo sono considerati cani da compagnia ideali.

In questo libro, imparerai a lavorare con la personalità plasmabile del tuo Maltipoo e come insegnargli a comportarsi come un vero angioletto. Scoprirai anche come creare l'ambiente perfetto per educare il tuo

Maltipoo e come evitare di instaurare cattive abitudini che potrebbero tormentarti in futuro.

Il giorno in cui decidi di portare a casa il tuo nuovo cucciolo di Maltipoo, fai una promessa: prenderti cura di ogni sua necessità. Può sembrare una grande responsabilità, ma con i suggerimenti contenuti in questo libro, prendersi cura del tuo Maltipoo sarà un gioco da ragazzi. Imparerai come toelettarlo, nutrirlo e fargli fare esercizio fisico.

In questo libro vengono affrontati i problemi comportamentali più comuni, fornendo soluzioni e strategie su come correggere cattive abitudini o comportamenti. C'è un intero capitolo dedicato a uno degli aspetti più impegnativi dell'addestramento: l'educazione ai bisogni. Renderà questa fase della vita del tuo Maltipoo (e della tua) semplice e facile, poiché i suggerimenti contenuti in quel capitolo permetteranno di educare ai bisogni anche i cani più testardi in pochissimo tempo.

Imparerai anche le nozioni essenziali sulla corretta alimentazione del tuo Maltipoo e come scegliere le crocchette migliori per lui.

Avere un cucciolo di Maltipoo può essere una delle esperienze più gratificanti della vita. I cani possono alleviare lo stress, migliorare la nostra salute e ricordarci che il vero amore esiste. Scoprirai che crescere il tuo cucciolo di Maltipoo sarà uno dei capitoli più ricchi e soddisfacenti della tua vita.

Questo libro diventerà la tua guida di riferimento durante tutta la vita del tuo Maltipoo, con consigli utili e promemoria che si riveleranno pratici anche quando il tuo Maltipoo sarà adulto.

Puoi crescere il cucciolo di Maltipoo perfetto? Assolutamente sì! Il tuo piccolo batuffolo di gioia sarà la prova che il cane perfetto esiste davvero. Richiede solo un po' di pazienza e amore da parte tua per mettere in pratica i preziosi suggerimenti contenuti in questo libro.

CAPITOLO UNO
Cos'è un Maltipoo?

Non sarebbe fantastico se i cuccioli potessero rimanere cuccioli per sempre? Tutti amano i cuccioli, con il loro adorabile aspetto e il loro comportamento tenero, ma questa fase dura così poco. Crescono e diventano cani adulti nel giro di pochi mesi, perdendo quel fascino da cucciolo.

Esiste un cane che mantiene l'aspetto da cucciolo anche durante l'adolescenza?

Sì, esiste, e si chiama Maltipoo. Uno dei motivi per cui questa razza è diventata così popolare negli ultimi anni è proprio perché mantiene l'a-

Barbone Standard

spetto e il comportamento da cucciolo. Con un Maltipoo, puoi avere un cucciolo che non invecchia mai.

Ma cos'è esattamente un Maltipoo?

È un Barboncino o un Maltese?

Il Maltipoo non è propriamente una razza, ma un incrocio tra due razze molto popolari, il Maltese e il Barboncino. Questo incrocio esalta il meglio di entrambe.

L'incrocio tra un Maltese e un Barboncino produce un cane amichevole e socievole che è anche considerato uno dei cani più carini al mondo.

Di solito, gli allevatori incrociano un Maltese di razza pura con un Barboncino Toy. In alcuni casi utilizzano un Barboncino nano, che produce cuccioli leggermente più grandi ma comunque estremamente adorabili. Le loro dimensioni li rendono ideali come cani da compagnia da tenere in braccio.

Ma cos'è esattamente un incrocio?

I cani incrociati vengono spesso chiamati "designer dogs". Un cane incrociato è il risultato dell'accoppiamento di un cane di razza pura con un cane di un'altra razza pura. Nel caso del Maltipoo, è un mix dei genitori di razza pura: il Barboncino e il Maltese.

L'unico scopo dell'incrocio è creare cuccioli che condividano i tratti caratteriali di entrambi i genitori. Negli ultimi mille anni, gli allevatori hanno mescolato razze diverse per ottenere un certo aspetto, temperamento o abilità. Questo è il caso del Maltipoo.

L'incrocio tra cani è diventato molto popolare negli ultimi decenni, grazie alla convinzione che gli incroci siano più sani e forti rispetto ai cani di razza pura. Scegliendo correttamente la discendenza per l'incrocio, si può ottenere un cucciolo dal valore superiore a quello dei suoi genitori di razza pura.

A seconda dell'allevamento, un tipico Maltipoo peserà tra 1,8 e 3,2 kg e sarà alto circa 25 cm. Se uno dei genitori era un Barboncino nano, che è un po' più grande del Barboncino Toy, il Maltipoo sarà un po' più grande, pesando tra 2,3 e 6,8 kg e raggiungendo un'altezza fino a 35 cm. La taglia e il peso del Maltipoo dipendono dal tipo di Barboncino utilizzato nell'accoppiamento.

I colori del Maltipoo

I Maltipoo possono avere un mantello arruffato o riccio che normalmente è di colore bianco e crema, ma a volte può essere di altri colori.

È comune che un Maltipoo nasca di un certo colore, mostri un colore diverso a sedici settimane e, una volta adulto, presenti un mantello completamente nuovo. Questo è normale perché il Maltipoo ha sia geni del Barboncino che del Maltese, e questo effetto di sbiadimento è molto comune nei Barboncini. Se il colore del Maltipoo non cambia, si dice che si sta "mantenendo", ma se cambia, si dice che sta "sbiadendo". In alcuni cuccioli di Maltipoo il mantello può sbiadire, altri possono diventare più scuri e altri ancora potrebbero non cambiare affatto.

Maltese

Il tanto popolare Maltipoo color albicocca avrà un colore albicocca quasi pesca per il primo anno, ma crescendo, il suo mantello diventerà più di un colore pesca chiaro cremoso.

Il colore del mantello di alcuni cuccioli di Maltipoo cambierà in base alla stagione. Per esempio, un Maltipoo nero avrà un colore nero intenso durante i mesi invernali, ma durante i mesi estivi il suo mantello sbiadirà fino a diventare color antracite.

Il tuo Maltipoo sarà pieno di meravigliose piccole sorprese, una delle quali è vedere il suo mantello cambiare mentre si trasforma in un giocoso adulto. I cambiamenti avvengono a causa dei forti geni del Barboncino che il tuo Maltipoo possiede.

Decidere quale colore di Maltipoo ti sembra più carino dipenderà da te!

Ecco un elenco dei colori del Maltipoo e la loro descrizione:

Bianco: questo è considerato uno dei colori più tradizionali per un Maltipoo. I Maltesi di razza pura sono bianchi come la neve e, se accoppiati con un Barboncino bianco puro (senza geni di colore per le ultime 5 generazioni), i cuccioli saranno bianchi.

Rosso: questo colore è estremamente raro per un Maltipoo perché i geni sono 50/50. Per ottenere questa colorazione, il Maltese dovrà essere accoppiato con un Barboncino rosso.

Marrone chiaro: un bellissimo colore marrone chiaro che ricorda il cioccolato al latte o il caffè con latte. Può anche essere definito come un cane color tan, marrone, dorato o bronzo.

Bianco e nero: questi cuccioli di Maltipoo avranno macchie bianche e nere sul muso, sul petto, sulla pancia e sulle zampe.

Nero: un Maltipoo nero è estremamente raro, poiché uno dei genitori è sempre bianco come la neve. Un vero Maltipoo nero avrà un colore nero uniforme senza altre macchie. Un mantello veramente nero non cambierà colore.

Albicocca: il mantello può variare dal color albicocca più cremoso a un colore albicocca uniforme. Alcuni cuccioli di Maltipoo sembrano avere riflessi albicocca o rossastri nel pelo.

Grigio: se un Maltipoo nasce grigio, rimarrà grigio per tutta la vita.

Argento: l'argento è un colore grigio diluito con un mantello molto lucido. Il Maltipoo nascerà con un mantello molto scuro nero/grigiastro che sbiadirà fino a diventare color argento.

Beige argento: il cucciolo nascerà marrone e il colore cambierà intorno alle sei-otto settimane in un colore beige argentato.

Crema: questo colore appare bianco brillante, fino a quando non viene messo vicino a un Maltese bianco; allora si può vedere che è un bianco sporco, quasi color champagne.

Oro: un colore marrone più chiaro e lucido, quasi tan.

Blu: questo è un colore molto raro per un Maltipoo. Appare nero puro fino a quando non viene posto alla luce diretta del sole; allora il colore blu brillerà dal mantello.

Cioccolato: un colore marrone intenso come una tavoletta di cioccolato fondente.

I Maltipoo sono disponibili in un'ampia varietà di colori a seconda dei geni e del background dei loro genitori. La parte difficile sarà decidere quale colore scegliere.

Diversi tipi di mantello

Ci sono tre diversi tipi di mantello per i Maltipoo. Il tipo di mantello che avrà il tuo Maltipoo indicherà se sono più dominanti i geni del Barboncino o del Maltese. Ecco una breve descrizione dei diversi tipi di mantello che il tuo Maltipoo potrebbe avere.

Mantello liscio: se un Maltipoo ha un pelo liscio e setoso, il gene del Maltese è dominante. Normalmente, questo tipo di mantello avrà un colore più chiaro e si aggroviglierà facilmente.

Questo tipo di mantello permette molte opzioni di toelettatura: può essere lasciato crescere lungo, come con un Maltese, oppure tagliato corto per il taglio da cucciolo.

Mantello riccio: i Barboncini hanno il pelo riccio, quindi il gene dominante proviene dal Barboncino. La consistenza sarà un po' più densa del mantello liscio e più propensa a formare nodi e grovigli.

I grovigli dovrebbero essere affrontati prontamente, poiché un piccolo groviglio può portare a un grande pasticcio in poco tempo. Si consiglia di toelettare questo tipo di Maltipoo ogni tre settimane.

Mantello lanoso: questo tipo di mantello è un segno di allevamento scadente. Stai alla larga da un cucciolo di Maltipoo con questo tipo di mantello facilmente aggrovigliabile e che richiede molta manutenzione.

Scheda informativa sui cani Maltipoo

Pronuncia	Maltipù
Soprannomi comuni	Moodle, Malt–A–Poo, Maltepoo, Multi-poo, Maltese-Poodle, Maltipoodle
Storia della razza	Incrocio tra un Barboncino Toy di razza pura e un Maltese di razza pura
Peso medio	Da 2,3 a 5,4 kg
Altezza media	Da 20 a 35 cm
Aspettativa di vita	15 anni
Maturità	Considerato un adulto all'età di 1 anno
Dimensione media della cucciolata	Da 4 a 6 cuccioli
Perdita di pelo	Molto leggera
Scopo	Cani da compagnia, cani da salotto

Tratti caratteriali del Maltipoo

La personalità risiede nei geni. La natura è responsabile della creazione della personalità di tutte le creature viventi. Questo è particolarmente vero con gli esseri umani. Naturalmente, anche il modo in cui la nostra personalità viene nutrita avrà un effetto su chi diventeremo da adulti.

Quante volte abbiamo osservato un bambino con suo padre e usato l'espressione "tale padre, tale figlio"? Questo antico proverbio significa che il comportamento, la condotta e le caratteristiche del figlio assomigliano a quelle del padre. È a causa dei geni del ragazzo, che lo rendono una versione più piccola di suo padre.

Con i cani, è un discorso molto simile. I loro tratti caratteriali dipendono dai geni che ereditano dai loro genitori. Per questo motivo, prima di poter comprendere i tratti caratteriali del Maltipoo, dobbiamo conoscere i pro e i contro dei suoi genitori, il Maltese di razza pura e il Barboncino.

<u>Maltese</u>

Alcuni dei vantaggi dei Maltese sono che non richiedono troppo esercizio e possono essere facilmente intrattenuti con semplici giochi e giocattoli, come "prendi la palla da sotto il mobile". Sono molto giocherelloni e generalmente sono felici di giocare da soli. Il Maltese non perde molto pelo nonostante abbia un bellissimo mantello. Sono anche molto facili da addestrare.

Alcuni svantaggi dei cuccioli di Maltese sono che sono estremamente difficili da educare a fare i bisogni. Inoltre, a causa delle loro dimensioni, sono molto fragili. Per questo motivo, non sono raccomandati per famiglie con bambini piccoli o cani più grandi che potrebbero voler giocare in modo troppo brusco. Richiedono molta manutenzione per la toelettatura e soffrono anche di allergie croniche e pelle pruriginosa.

Cuccioli di Maltese

Barboncino

Alcuni dei vantaggi dei Barboncini sono che sono ipoallergenici, il che li rende l'animale domestico ideale per chi soffre di allergie. Non perdono pelo, quindi la manutenzione degli spazi in cui vivono è veloce e facile. I Barboncini sono considerati eccellenti cani da guardia e sono anche estremamente intelligenti, il che li rende molto facili da addestrare.

Alcuni degli svantaggi dei Barboncini derivano in realtà dalla loro elevata intelligenza. Poiché sono così intelligenti, hanno la tendenza ad annoiarsi piuttosto rapidamente e a diventare irritabili. Se non sono costantemente occupati, troveranno qualcosa da fare che potrebbe non essere molto piacevole per il proprietario, come distruggere il divano in pelle. Hanno bisogno di un'area ampia che permetta loro di fare molto esercizio; quindi, è necessario avere un grande giardino. Se non adeguatamente addestrati, i Barboncini diventeranno molto nervosi e disobbedienti.

I vantaggi combinati di queste due razze li rendono i genitori ideali per creare un perfetto cucciolo di Maltipoo che ti porterà anni di felicità. Ma come sarà il tuo cucciolo di Maltipoo? Consideriamo alcuni dei suoi tratti caratteriali nella seguente lista.

Barbone Standard

Giocherellone e socievole

I cuccioli di Maltipoo amano tutti, che siano umani o altri cani, e amano la compagnia. L'unico desiderio nella vita di un cucciolo di Maltipoo è compiacere i suoi proprietari e ti farà sorridere e ridere in pochi minuti. Tuttavia, proprio poiché amano così tanto tutti e tutto, non sono la scelta migliore come cani da guardia.

Dal momento che hanno un temperamento così buono, possono essere ideali per i proprietari di animali domestici che hanno già altri animali in casa. È necessaria cautela, tuttavia, a causa delle loro dimensioni e fragilità: bambini piccoli e cani più grandi potrebbero ferire un piccolo Maltipoo senza nemmeno averne l'intenzione.

Intelligente

I Maltipoo sono considerati uno dei cani più carini del mondo, ma non lasciarti ingannare da quei bellissimi occhi marroni: dietro la loro tenerezza c'è una testa piena di intelligenza, ereditata dai loro genitori Barboncini di razza pura.

La loro elevata intelligenza rende l'educazione ai bisogni e altri addestramenti un gioco da ragazzi, ma implica anche che abbiano bisogno di essere stimolati mentalmente. Come i loro genitori Barboncini di razza pura, hanno la tendenza a soffrire di ansia da separazione, ma con una disciplina amorevole possono essere addestrati a comportarsi bene quando lasciati soli.

Energico

I Maltipoo sono animali domestici ideali per piccoli appartamenti o case con piccoli giardini perché sono così minuscoli che non hanno bisogno di molto spazio per correre. Prosperano, tuttavia, con regolari passeggiate intorno all'isolato o al parco.

Le passeggiate regolari aiutano a mantenere il tuo Maltipoo stimolato mentalmente e fisicamente. Una delle qualità eccezionali dei Maltipoo è che mantengono la loro personalità da cucciolo ben oltre l'età adulta. Ciò significa che avranno tonnellate di energia che dovrà essere bruciata. Brevi passeggiate regolari elimineranno questo eccesso di energia ed eviteranno comportamenti scorretti come abbaiare, guaire e masticare i tuoi mobili.

Il livello di energia di ogni singolo Maltipoo dipenderà da quali geni dei genitori sono dominanti. I geni dominanti del Barboncino risulteranno in un cucciolo più iperattivo, mentre i geni dominanti del Maltese risulteranno in un cucciolo più tranquillo.

Altri tratti caratteriali

I Maltipoo sono molto fedeli ai loro proprietari e amano trascorrere del tempo con i loro genitori umani.

Sono cani da interno e non possono tollerare le temperature esterne per molto tempo. Se hai un Maltipoo, preparati a farlo vivere con te dentro casa e a portarlo fuori solo per i bisogni, le passeggiate, il gioco e l'esercizio. I Maltipoo non sopravvivranno se lasciati fuori per lunghi periodi di tempo.

Come possiamo vedere, l'incrocio Maltipoo produce un cucciolo molto affettuoso e giocherellone, risultando in un cane da compagnia ideale.

Storia del Maltipoo

"I Maltipoo sono i cuccioli più dolci, più amorevoli e più intelligenti che potresti mai trovare. Amano tutti e socializzano bene con le persone e altri animali domestici."

Dena Fidanza
denasdoggies.com

La storia dei Maltipoo inizia negli Stati Uniti, dove sono stati creati per essere piccoli, fedeli e amorevoli compagni. L'accoppiamento di un Maltese e un Barboncino per ottenere il Maltipoo è diventato sempre più popolare negli ultimi 10-20 anni.

Il Maltipoo è stato creato specificamente per essere adatto alle persone con allergie. Alcuni affermano che il Maltipoo è ipoallergenico a causa del suo mantello; tuttavia, non c'è prova che questa affermazione sia vera. Tutti i cani producono forfora e saliva che trasportano allergeni, i quali possono causare reazioni allergiche in alcune persone.

La storia del Barboncino sembra essere iniziata in Germania, dove è stato allevato per essere un cane da riporto acquatico per la caccia alle anatre e ad altri volatili. I Barboncini sono disponibili in tutti i tipi di colori e in tre taglie: standard (l'originale), nano e Toy. La razza si è finalmente standardizzata in Francia. Sono stati molto apprezzati dal 1400 fino ai nostri giorni per la loro intelligenza.

La storia del cane Maltese risale a circa il 500 a.C. Questa razza è stata anche rappresentata su un'anfora greca. Si ritiene che il nome e le origini della razza provengano dall'isola mediterranea di Malta. La storia suggerisce che fosse stato allevato per aiutare a controllare i roditori, ma presto divenne popolare tra le nobildonne. I cani Maltesi sono stati molto apprezzati come cani da signora nel corso dei secoli fino ai nostri giorni.

Come possiamo vedere, la discendenza del Maltipoo è molto ricca e piena di storia. Sia il Barboncino che il Maltese sono stati molto apprezzati nel corso della storia per i loro tratti caratteriali e il bell'aspetto.

Il tuo piccolo cucciolo di Maltipoo diventerà parte della tua storia familiare personale, diventando rapidamente un amato membro della tua famiglia.

Fatti interessanti sui cuccioli di Maltipoo

- È comune vedere cuccioli di Maltipoo con macchie di lacrime intorno agli occhi, ma non sono causate dal pianto per la tristezza: possono essere causate da una serie di fattori, come occhi secchi, un allergene nel loro cibo o coloranti alimentari. Osservare i fattori ambientali e dare loro una dieta sana e genuina senza colori artificiali può eventualmente eliminare le macchie di lacrime.
- I Barboncini hanno un mantello riccio e i Maltesi hanno bellissimi peli lisci e lunghi. Poiché il Maltipoo è un incrocio, i geni dei genitori avranno un ruolo importante nel determinare che tipo di pelo avrà il tuo Maltipoo, che potrebbe essere riccio o liscio. Sia i Barboncini che i Maltesi hanno bisogno di regolari sessioni di toelettatura per evitare che i loro peli si annodino e si aggroviglino, quindi aspettati lo stesso per il Maltipoo. I Maltipoo amano i bagni e questo fornisce loro un importante beneficio per la salute, poiché impedisce alla loro pelle di seccarsi e diventare pruriginosa. Il consiglio è di fare il bagno al tuo Maltipoo ogni tre settimane. Se il tuo Maltipoo ha il pelo riccio, avrà bisogno di essere toelettato professionalmente ogni quattro-sei settimane.
- Ci sono due modi diversi per scrivere il nome di questo incrocio. L'American Canine Hybrid Club e il Designer Dogs Kennel Club lo hanno registrato come Malt-A-Poo, mentre l'International Designer Canine Registry lo scrive Maltipoo. Quest'ultimo è il modo più ampiamente riconosciuto per scrivere Maltipoo.
- I Maltipoo hanno una prima e una seconda generazione: la prima generazione è il risultato dell'accoppiamento di un Barboncino di razza pura e un Maltese di razza pura, la seconda generazione è il risultato dell'accoppiamento di due cani Maltipoo.

- I cani piccoli normalmente hanno una durata di vita più lunga rispetto ai cani più grandi.
- Non sono buoni cani da guardia a causa delle loro dimensioni e della loro personalità amichevole.
- I Maltipoo adulti possono facilmente entrare in una borsa di grandi dimensioni ed essere portati ovunque.
- I cani Maltipoo hanno una personalità dolce e gentile, quindi sono ottimi cani da terapia.

In sintesi, un Maltipoo è un incrocio tra un Barboncino e un Maltese; sono considerati cani di design perché l'incrocio esalta il meglio di entrambe le razze. I Barboncini e i Maltesi sono considerati razze che non perdono pelo; quindi, molte persone considerano il Maltipoo un cane ipoallergenico.

Sono cani molto intelligenti che amano socializzare e stare con le persone. Sono considerati degli eterni cuccioli, mantenendo il loro aspetto e comportamento da cucciolo fino all'età adulta.

CAPITOLO DUE
Un cucciolo di Maltipoo fa per te?

Si dice che il cane sia il migliore amico dell'uomo, ma perché? Avere un cane può essere una delle esperienze più gratificanti della vita. I cani offrono una compagnia duratura e un amore incondizionato; inoltre, diversi studi hanno dimostrato che avere un cane può portare numerosi benefici per la salute, come l'abbassamento della pressione sanguigna, la prevenzione della depressione e la riduzione dello stress.

Inoltre, avere un cane è il modo migliore per assicurarti di uscire per le tue passeggiate quotidiane, perché anche il tuo amico a quattro zampe avrà bisogno di fare esercizio. Un cane è un ottimo strumento motivazionale per farti alzare dal divano e uscire per una bella camminata a passo svelto.

I cani hanno la capacità di far sorridere anche la persona più burbera del mondo in pochi secondi. Ci fanno sentire amati e accuditi e sono sempre pronti ad accoglierci felicemente quando varchiamo la porta di casa.

Scegliere quale tipo di cucciolo portare a casa perché diventi il tuo nuovo migliore amico può essere un'esperienza molto intimidatoria. Con così tanti tipi diversi di cani, come puoi sapere se un cucciolo di Maltipoo è adatto a te?

La famiglia ideale per un Maltipoo

"I Maltipoo sono molto 'giocherelloni'. Sembrano avere una speciale 'danza della felicità' che, una volta riconosciuta, viene ripetuta frequentemente."

Terry Schulte
valleypuppypaws.com

Il fatto che tu stia considerando di prendere un Maltipoo indica che stai cercando un cane di piccola taglia. Vediamo qual è la famiglia ideale per un Maltipoo per capire se il tuo stile di vita familiare è adatto a questo cane.

Foto di
Mary Papadopoulos

Ambiente

I Maltipoo sono molto sensibili al freddo e agli ambienti esterni ostili. Non possono sopravvivere all'esterno per lunghi periodi. Sono cani da compagnia e sono più piccoli di alcuni gatti. Richiedono un ambiente di vita caldo e accogliente.

Inoltre, considerando le loro dimensioni, sono quasi privi di mezzi per difendersi da cani più grandi o uccelli rapaci. Essere lasciato solo all'esterno per un lungo periodo può causare ansia e stress a un Maltipoo.

Hanno bisogno di trascorrere la maggior parte della giornata all'interno della tua casa, al caldo e al sicuro. I Maltipoo non tollerano il clima troppo caldo o freddo. Nei mesi invernali, potresti dover procurare al tuo Maltipoo un piccolo maglione per evitare che si ammali quando esce per le passeggiate e i bisogni.

- Se hai intenzione di far vivere il tuo cane in casa con te e di farlo diventare parte della tua famiglia, allora un Maltipoo è il cane che fa per te.

I Maltipoo possono essere animali domestici ideali, per chi vive in un condominio o ha un giardino molto piccolo, perché non hanno bisogno di molto spazio per sfogare la loro energia in eccesso. Il modo migliore per far sfogare l'energia del tuo Maltipoo è portarlo a fare brevi passeggiate intorno all'isolato.

- Se vivi in un appartamento o hai un piccolo giardino, allora un Maltipoo è il cane che fa per te.

Manutenzione

Il Maltipoo ha ereditato un bellissimo mantello dai suoi genitori, il Maltese e il Barboncino. Può essere riccio o avere un bel pelo arruffato, ma può facilmente formare nodi e grovigli, causando disagio, prurito alla pelle e ciocche di pelo che cadranno per casa. Come puoi evitare che ciò accada?

La spazzolatura quotidiana è la chiave per evitare che il pelo formi nodi antiestetici e boli di pelo. I Barboncini, i Maltesi e i Maltipoo non perdono il pelo, il che li rende ideali per chi soffre di allergie.

I Maltipoo sono considerati cani che richiedono molta manutenzione perché devi spazzolarli quotidianamente, ma in realtà, rispetto al tempo che potresti trascorrere a passare l'aspirapolvere per rimuovere i peli di cane da tappeti e mobili, dedicare meno di cinque minuti al giorno alla toelettatura del tuo cane è una passeggiata.

- Se hai cinque minuti al giorno per coccolare il tuo cane spazzolandolo e non ti piace trovare peli di cane in tutta la casa, allora un Maltipoo è il cane che fa per te.

Inoltre, se hai un Maltipoo con il pelo riccio, avrà bisogno di essere toelettato professionalmente ogni cinque o sei settimane. Come per la maggior parte dei cani che vivono in casa, è altamente consigliabile fare il bagno al tuo cucciolo ogni tre settimane per prevenire pelle secca e pruriginosa.

Nuovi proprietari di cani

Per i nuovi proprietari di cani, può sembrare molto intimidatorio portare a casa un cucciolo, soprattutto quando si tratta di insegnargli a fare i bisogni. Tuttavia, i cuccioli di Maltipoo sono molto intelligenti e imparano velocemente.

Rispondono bene a una disciplina ferma, ma amorevole. L'addestramento non richiede troppo tempo o sforzo. Devi mostrare al tuo piccolo Maltipoo che sei tu il "capo del branco" o il boss. Normalmente, un fermo "no" è tutto ciò che serve per far passare il messaggio. I cuccioli di Maltipoo sono desiderosi di compiacere i loro proprietari e non sono testardi come altri cani di piccola taglia.

- Se questo è il tuo primo cucciolo e sei nervoso riguardo all'addestramento, allora un cucciolo di Maltipoo fa per te, poiché è un cane facile da addestrare.

Fai attenzione a non viziarlo quando è cucciolo, perché si trasformerà in un cane disobbediente e 'capriccioso' quando crescerà.

Bambini piccoli e cani grandi

Se hai bambini piccoli o nipoti che vengono spesso a casa tua, non è consigliabile avere un Maltipoo. Non importa quante volte dirai ai piccoli di non maneggiare o prendere in braccio il tuo cucciolo, non saranno in grado di resistere alla tentazione. I bambini piccoli possono accidentalmente far cadere o stringere troppo forte il tuo cucciolo di Maltipoo e fratturargli un osso o causare altri danni.

- Se hai spesso bambini piccoli a casa tua, non è consigliabile prendere un cucciolo di Maltipoo.

Se hai cani più grandi, sappi che questi tendono a giocare in modo brusco con i cani più piccoli ed è probabile che il tuo piccolo Maltipoo possa subirne gravi conseguenze. Se hai cani più anziani, possono essere più adatti a stare intorno al tuo Maltipoo perché non tendono a essere così esuberanti come i cani più giovani.

23

- Se hai cani più grandi e iperattivi, non è consigliabile prendere un cucciolo di Maltipoo.

Se i tuoi cani grandi e iperattivi vivono all'esterno e il tempo trascorso con il tuo cucciolo di Maltipoo all'aperto sarà supervisionato, puoi considerare di prendere un Maltipoo.

Ansia da separazione

I Maltipoo si legano molto rapidamente e strettamente ai loro proprietari e, quando questi non ci sono, diventano rapidamente preoccupati, ansiosi e possono persino entrare in modalità panico. L'ansia da separazione può trasformare il cane più tranquillo in un mostro distruttivo che mastica qualsiasi cosa si trovi davanti, abbaia, guaisce e crea caos in tutta la casa.

I Maltipoo prosperano in ambienti dove c'è qualcuno a casa durante il giorno o se possono seguire i loro umani durante le loro attività quotidiane. I cuccioli di Maltipoo sono estremamente socievoli e amano stare in compagnia delle persone. Se il tuo orario di lavoro ti porta fuori casa frequentemente e per molte ore durante il giorno, potrebbe essere saggio considerare un altro tipo di cane che si adatti meglio al tuo stile di vita.

- Se hai intenzione di lasciare il tuo cane da solo frequentemente, non è consigliabile prendere un cucciolo di Maltipoo.

Se decidi di prendere un Maltipoo, devi renderti conto che non sarà felice di vivere nella lavanderia; avrà bisogno di avere libero accesso alla casa. Se può vederti o vedere altri membri della famiglia ma non può raggiungervi, mostrerà il suo dispiacere guaendo, abbaiando costantemente e addirittura andando nel panico.

Dove dovresti comprare il tuo Maltipoo?

"Allevatore discutibile", "Fabbrica di cuccioli", "Cuccioli pronti per il giorno dopo": queste sono espressioni comuni usate nel mondo dei cuccioli attuale. Come puoi essere sicuro di comprare il tuo cucciolo di Maltipoo da un allevatore rispettabile?

I buoni allevatori sono più interessati a trovare la famiglia giusta per i loro cuccioli che ai soldi. Quando parli con un allevatore, fai attenzione se è aperto riguardo al passato e alla salute dei genitori. Dovrebbe farti domande su di te e sul tipo di vita che puoi offrire al suo cucciolo. Un

Foto di Sue Watson

buon allevatore è aperto e onesto; attraverso la vostra conversazione ti mostrerà che si preoccupa sinceramente del futuro dei suoi cuccioli.

- Evita gli allevatori che sono interessati solo a quanto presto puoi portare via il cucciolo e se la tua carta di credito o PayPal funziona.
- Chiedi al tuo veterinario informazioni sugli allevatori rispettabili della zona.
- Evita i siti web che pubblicizzano "più cucciolate disponibili immediatamente" o "cuccioli sempre disponibili". Gli acquisti rapidi sono molto convenienti, ma quasi mai provengono da un allevatore rispettabile.
- Ricorda: le cose belle della vita richiedono tempo. Ci vorrà tempo per trovare l'allevatore giusto per il tuo cucciolo di Maltipoo, poi potresti dover aspettare fino a quando ci sarà una cucciolata.
- Cerca un allevatore che non faccia riprodurre i suoi cani prima dei due o tre anni di età.
- Di' di no a un cucciolo i cui genitori sono ostili e non ti permettono di avvicinarti o ti ringhiano contro, oppure se qualcuno dei cuccioli fa qualcuna di queste cose. Il comportamento negativo viene appreso dai genitori.

È consigliabile mettere tanto impegno nella ricerca di dove comprare un cucciolo quanto ne metteresti nell'acquisto di un veicolo o di un elettrodomestico.

Prima di acquistare un Maltipoo, è importante fare ricerche sulla salute di entrambi i genitori. Se possibile, assicurati che entrambi i genitori abbiano certificati veterinari ufficiali per la tiroide e le ginocchia (rotule). Chiedi anche di vedere una certificazione da un oculista veterinario che attesti la buona salute degli occhi e, se possibile, richiedi di vedere i loro test genetici per l'atrofia retinica progressiva.

In Italia, i controlli sanitari sui cani da riproduzione dovrebbero essere effettuati da veterinari qualificati e documentati attraverso certificati ufficiali. Cerca allevatori che collaborano con veterinari specializzati in oftalmologia e ortopedia veterinaria per garantire la qualità genetica dei loro cani. Puoi anche contattare l'ENCI (Ente Nazionale della Cinofilia Italiana) per informazioni sui controlli sanitari raccomandati per le razze parentali del Maltipoo (Maltese e Barboncino).

Questi problemi di salute non si manifestano fino a quando il Barboncino o il Maltese raggiunge la piena maturità, motivo per cui i certificati di salute non vengono rilasciati se il cane ha meno di due anni.

Ricorda, un Maltipoo rifletterà la personalità dei suoi genitori. Un allevatore irresponsabile può creare un pasticcio, combinando i problemi genetici di genitori inadatti: questo può creare un cane lamentoso, rumoroso e tirannico che sarebbe quasi impossibile da addestrare, con una potenzialmente lunga e costosa lista di problemi di salute.

E se adottassi un Maltipoo da un rifugio?

Purtroppo, molti Maltipoo finiscono nei rifugi o vengono salvati da famiglie che non si prendevano cura di loro adeguatamente. Questi cani hanno un disperato bisogno di qualcuno che li ami e si prenda cura di loro.

La domanda è, come puoi cercare un Maltipoo salvato?

Usa internet per cercare un Maltipoo nella tua zona. Ci sono molti siti web che possono aiutarti a restringere la tua ricerca a un'area generale o a caratteristiche specifiche (ad esempio, cani che sono già stati educati a fare i bisogni in casa). Molti rifugi per animali hanno siti web che possono indirizzarti a gruppi di recupero nella tua zona.

Quando adotti un cucciolo o un cane Maltipoo, ecco un elenco di domande che puoi fare al personale prima di innamorarti del tuo cucciolo:
1. Socializza bene con altri animali?
2. Come risponde agli operatori del rifugio, ai bambini, ai visitatori, ecc.?
3. Quanti anni ha?
4. È educato a fare i bisogni?
5. Ha mai morso qualcuno (che loro sappiano)?
6. Ha problemi di salute?

Ovunque tu finisca per acquisire il tuo Maltipoo, assicurati di avere un contratto con il venditore, il rifugio o il gruppo di recupero che spieghi chiaramente le responsabilità per entrambe le parti.

Non appena adotti il tuo Maltipoo o lo acquisti da un allevatore rispettabile, portalo immediatamente dal tuo veterinario per un controllo. Un buon veterinario sarà spesso in grado di individuare eventuali preoccupazioni o problemi di salute futuri. Inoltre, avrai occasione di stabilire un regime per mantenere il tuo cucciolo in buona salute per gli anni a venire.

Pro e contro dell'avere un Maltipoo

"I Maltipoo sono perfetti per condomini, appartamenti o case con un piccolo giardino. Possono soddisfare le loro esigenze di esercizio giocando o facendo riporto anche in casa."

Rebecca Posten
riversidepuppies.biz

Tutto nella vita ha pro e contro. In molte situazioni, purtroppo i contro superano i pro, ma questo non è il caso di un cucciolo di Maltipoo: qui, i pro superano decisamente i contro. Ecco perché il Maltipoo sta rapidamente diventando uno dei cani più popolari in Italia.

Pro

- I Maltipoo sono estremamente intelligenti, quindi sono molto facili da educare a fare i bisogni in casa. Rispondono bene anche all'addestramento con la lettiera per chi vive in condomini alti.
- Con il loro desiderio di compiacere i loro umani, sono cani meravigliosi per i proprietari di cuccioli alle prime armi. Imparano velocemente e rispondono all'amore.
- I cuccioli di Maltipoo sono ideali per spazi piccoli come appartamenti, poiché si accontentano con gioia di frequenti passeggiate intorno all'isolato. Avere un Maltipoo è anche uno strumento motivazionale per aiutarti a iniziare a camminare di più e fare più esercizio, il che giova alla tua salute.
- I Maltipoo non perdono pelo, quindi non avrai bisogno di pulire costantemente la casa per rimuovere i peli del cane. Inoltre, i tuoi vestiti non saranno coperti di peli di cane ogni volta che deciderai di prendere in braccio il tuo animale domestico.
- I Maltipoo sono come cuccioli eterni, mantenendo il loro aspetto e comportamento da cucciolo fino all'età adulta.
- Sono cani da compagnia molto fedeli che amano stare con te. Con il tuo cucciolo di Maltipoo, avrai trovato il tuo nuovo migliore amico.

- I Maltipoo sono molto adattabili ai cambiamenti, purché tu sia ancora lì. Questo li rende compagni di viaggio ideali, poiché non si turbano trovandosi in nuovi ambienti e situazioni.
- I Maltipoo amano i gatti e diventano rapidamente loro amici. Se hai un gatto, non preoccuparti: presto giocheranno senza sosta e si accoccoleranno insieme per il pisolino.

Contro

- I Maltipoo sono molto piccoli e le loro dimensioni li rendono fragili e indifesi, motivo per cui è necessaria attenzione quando li si maneggia. I cuccioli di Maltipoo non sono raccomandati per famiglie con bambini piccoli, che spesso giocano in modo brusco e potrebbero accidentalmente far cadere il Maltipoo, causandogli una frattura.

  I Maltipoo amano i bambini e i bambini amano loro. Purtroppo, i bambini sotto i sei anni possono facilmente ferirli. Per questo motivo, non è consigliabile avere un Maltipoo in una casa con bambini piccoli. Se i bambini piccoli vengono spesso a casa tua, insegna loro come maneggiare il tuo Maltipoo e non lasciarli mai senza supervisione con il tuo cucciolo.

- Viste le loro dimensioni, i Maltipoo non sono adatti come cani da guardia. Possono abbaiare e forse mordere intorno alle caviglie, ma questo è tutto. Inoltre, la loro indole amichevole non li rende cauti con gli estranei.

- Tutti i cani, indipendentemente dalla razza, avranno alcuni problemi di salute. È importante conoscere i potenziali problemi in modo da poter prendere misure preventive il prima possibile.

- I Maltipoo sono stati incrociati col fine di ottenere cani ipoallergenici per chi soffre di allergie, ma ogni cane è diverso nella quantità di allergeni che produce. Tutti i cani producono un po' di forfora, che è la causa della maggior parte delle allergie.

- I cuccioli di Maltipoo sono considerati ad alta manutenzione, poiché devono essere spazzolati quotidianamente e lavati ogni tre settimane per evitare che la loro pelle si secchi.

Come puoi vedere, i pro superano i contro e i contro non sono insormontabili. Decidere di avere un cucciolo di Maltipoo sarà una delle migliori decisioni della tua vita: diventerà rapidamente il tuo migliore amico e fedele compagno.

A questo punto, dobbiamo ancora rispondere a una domanda: il tuo cucciolo di Maltipoo andrà d'accordo con gli altri membri a quattro zampe della famiglia?

I Maltipoo e gli altri cani

I Maltipoo sono cani molto socievoli; generalmente vanno d'accordo con altri cani e animali domestici, che siano cresciuti con loro o meno.

C'è sempre una qualche forma di rivalità tra fratelli in ogni famiglia, ma la rivalità può essere controllata quando i genitori intervengono e la fermano prima che sfugga di mano. Aspettati un po' di rivalità tra fratelli, nei primi giorni a casa del tuo nuovo Maltipoo.

Vaccini e altri cani

I cuccioli vengono normalmente vaccinati quando hanno quattro mesi. In genere, si consiglia di evitare di far socializzare un cucciolo giovane con altri cani, poiché non puoi sapere con certezza se sono stati vaccinati e sono sicuri per il tuo nuovo cucciolo.

È sicuro presentare il mio cucciolo al mio cane più anziano?

Se il tuo cane adulto è aggiornato con le vaccinazioni, è molto improbabile che uno dei due cani trasmetta un'infezione all'altro. Se hai un cane non vaccinato che è già malato, il contatto tra i due può essere molto pericoloso per il tuo cucciolo.

Habitat ideale per un Maltipoo

"Non importa se sei il tipo atletico a cui piace fare escursioni, jogging e giocare al parco o se ti piace stare in casa a guardare la TV: i Maltipoo possono essere di ottima compagnia in entrambi gli ambienti."

Spencer Carranza
maltipoored.com

La storia umana è ricca di testimonianze che indicano come i cani siano stati fedeli compagni degli esseri umani sin dai tempi più remoti. La maggior parte delle razze canine che esistono oggi non può sopravvivere senza la compagnia umana. Molti cani non sono in grado di vivere in natura o per strada senza qualcuno che si prenda cura di loro e li nutra.

I cani sono più felici con la compagnia umana e, onestamente, gli umani sono più felici con la compagnia canina. Poiché i cani sono animali domestici, hanno bisogno di vivere in habitat protetti con riparo, calore, cibo e amore. La maggior parte dei cani non è in grado di trovare cibo in autonomia.

Qual è l'habitat ideale per il tuo Maltipoo?

Compagnia

Come abbiamo appreso, i Maltipoo sono molto socievoli e formano rapidamente un forte legame con i loro proprietari, che amano rendere felici. Quando porti a casa il tuo Maltipoo, si affezionerà molto a te.

Il tuo Maltipoo sarà il cane più fedele e leale che avrai mai avuto. Tutto ciò che devi fare per guadagnare la sua amicizia è mostrargli amore e attenzione.

I cani si adattano al loro ambiente. Se c'è un'atmosfera tesa, è probabile che il tuo cane eviterà di passare del tempo con te. Cerca di rendere la tua casa un rifugio pacifico non solo per te e la tua famiglia, ma anche per il benessere del tuo Maltipoo.

Riparo

La tua casa è l'habitat ideale per il tuo Maltipoo perché è un ambiente caldo, accogliente e confortante, ma la ragione principale per cui la tua casa è ideale per il tuo Maltipoo è perché tu vivi lì.

I Maltipoo non richiedono troppo spazio, quindi sono felici di vivere in un piccolo appartamento o di avere un piccolo giardino. La cosa più importante per loro è la tua presenza per aiutarli a sentirsi al sicuro e protetti.

I cuccioli di Maltipoo hanno bisogno di stare con te, non chiusi nella lavanderia o in un trasportino. Se il tuo stile di vita implica che lascerai il tuo Maltipoo da solo per ore ogni giorno, dovresti probabilmente riconsiderare la tua idea. Sono inclini all'ansia da separazione, che può portarli a creare caos in tutta la casa.

Cibo

I Maltipoo sono incapaci di provvedere a se stessi: hanno bisogno che tu soddisfi quotidianamente le loro esigenze nutrizionali. Dovrai fornire ogni giorno una dieta sana e completa e acqua fresca.

Inoltre, poiché alcuni cani più piccoli tendono ad avere allergie alimentari, potresti dover adattare la dieta per mantenere il tuo cane in salute. Devi anche controllare il suo peso, poiché i cani che vivono in casa a volte mangiano per noia e possono prendere chili in eccesso rapidamente.

Amore

Tutti gli animali domestici rispondono all'amore, proprio come noi umani. L'amore ci fa sentire al sicuro e protetti. Tu sai cosa ti fa sentire amato, ma come puoi mostrare al tuo Maltipoo che lo ami?

Le carezze alle orecchie fanno entrare il tuo cane in trance, facendolo sentire come se fosse in un'estasi d'amore. In realtà, è esattamente quello che sta succedendo! Le orecchie del tuo cane sono piene di terminazioni nervose che rilasciano endorfine quando vengono accarezzate, facendolo sentire amato.

Nutrire il tuo cane con la mano è un modo intimo di creare un legame con il tuo Maltipoo, specialmente quando è ancora un cucciolo. Mostra che ti preoccupi e dice che approvi il suo comportamento.

Di' al tuo cane che lo ami. Potrebbe non capire le tue parole, ma capisce sicuramente il tono della tua voce.

Un cucciolo di Maltipoo fa per te?

Questo capitolo ha descritto la famiglia ideale per un cucciolo di Maltipoo. Se hai un cuore caldo con tanto amore da condividere, allora un Maltipoo potrebbe fare per te. Non avrà bisogno di molto spazio e sarà molto felice di vivere in condominio, se lo porterai a fare frequenti e brevi passeggiate.

Hai anche imparato come presentare con successo il tuo piccolo batuffolo di gioia ai tuoi altri cani. Più avanti, imparerai come tenere in considerazione i loro istinti territoriali e fare le presentazioni attraverso il loro senso dell'olfatto.

I cuccioli di Maltipoo sono anche un'ottima scelta per i proprietari di cani alle prime armi. Sono molto facili da addestrare e mirano a compiacere. Prosperano con gli anziani o con famiglie che hanno bambini più grandi e capaci di maneggiarli con cura.

I cuccioli di Maltipoo amano le coccole e sono molto sensibili verso le esigenze dei loro proprietari. Apprezzi una buona coccola e puoi dare al tuo Maltipoo la compagnia di cui ha bisogno? Se la risposta è sì, allora un Maltipoo è il cane che fa per te.

I Maltipoo possono rubarti il cuore in pochi secondi; lo stesso tempo necessario per capire perché stanno rapidamente diventando tra le razze di cani più popolari al mondo.

CAPITOLO TRE
Come preparare la casa per il tuo cucciolo di Maltipoo

Lo sapevi che il 90 per cento degli animali domestici in Italia vive all'interno delle nostre case?

Alcuni potrebbero avere libero accesso a tutta la casa o magari solo fino a un certo punto. Il tuo Maltipoo dovrebbe avere libero accesso a tutta la casa, una volta che avrà imparato a fare i bisogni, ma i cuccioli amano esplorare e a volte possono cacciarsi nei guai.

Portare un cucciolo in casa è come portare un bambino piccolo in un negozio di cristalli: le probabilità che rompa qualcosa sono quasi garantite. Come puoi rendere la tua casa a prova di cucciolo prima del suo arrivo?

Foto di Meredith Edwards

Come rendere la casa a prova di cucciolo

È importante rendere la tua casa a prova di cucciolo prima di portare a casa il tuo adorabile Maltipoo e prima che cominci a fiutare guai. Tutti i cuccioli hanno la tendenza a esplorare l'ambiente circostante toccando, masticando e assaggiando; se non prendi precauzioni, alcuni dei tuoi oggetti di valore potrebbero essere distrutti in pochi minuti.

Inoltre, questo desiderio di esplorare non scompare mentre i cuccioli crescono: alcuni oggetti domestici potrebbero danneggiarli, se ingeriti, e potrebbero persino risultare tossici. Devi tenere lontano dal tuo cucciolo di Maltipoo quasi tutto ciò che dovresti tenere lontano da un bambino piccolo.

Questa è una lista di alcuni passaggi fondamentali da seguire, ma in base alla situazione della tua casa, potresti dover aggiungere altri elementi.

Spazzatura

Tieni la spazzatura fuori dalla vista del nuovo arrivato. I cani hanno un eccellente senso dell'olfatto e la tentazione di esplorare il bouquet di odori che proviene dal tuo cestino sarà troppo grande per il tuo cucciolo. Se è in bella vista, assicurati che abbia un coperchio ben chiuso e che sia troppo pesante perché il tuo piccolo Maltipoo possa rovesciarlo.

Prese elettriche e cavi

I cuccioli adorano leccare le prese elettriche. Prima di portare a casa il tuo cucciolo, investi in alcune protezioni per le prese. Inoltre, assicurati che i cavi elettrici siano fuori dalla sua vista o fissati contro il muro in modo che il tuo cucciolo non sia tentato di masticarli.

Mobili e altri elementi decorativi

Qualsiasi ornamento o altro oggetto che il tuo Maltipoo potrebbe accidentalmente far cadere o masticare dovrebbe essere collocato su mensole alte. Tieni tutte le scarpe nell'armadio; sono oggetti che i Maltipoo adorano masticare a causa di tutti gli odori che emanano e del sapore della pelle. Fissa le lampade che potrebbero essere facilmente rovesciate se il tuo Maltipoo dovesse urtare il tavolo. Anche qualsiasi cestino o altro oggetto che normalmente si trova sul pavimento dovrebbe essere spostato in un'area più sicura.

Fissa eventuali corde pendenti di tende e persiane in modo che siano fuori portata; il tuo curioso Maltipoo potrebbe accidentalmente strangolarsi con esse. In bagno, ricordati di tenere abbassato il coperchio del water. Un cucciolo potrebbe saltarci sopra, cadere dentro e annegare.

Medicinali

I cuccioli possono facilmente masticare qualsiasi cosa, compresi i tappi a prova di bambino, e divorare rapidamente tutto ciò che esce dai contenitori. Prima di portare a casa il tuo Maltipoo, sposta tutti i prodotti da toilette e i medicinali fuori dalla sua portata.

Prodotti per la pulizia

I prodotti per la pulizia possono essere tossici per gli esseri umani e ancora di più per il tuo minuscolo cucciolo di Maltipoo. Conserva tutti i prodotti per la pulizia in armadietti. Se si verificano fuoriuscite, pulisci rapidamente in modo che il piccolo Fido non abbia la possibilità di calpestare o leccare sostanze potenzialmente dannose.

Giardino

Se hai un giardino, assicurati che non ci siano piccoli buchi nella recinzione attraverso i quali il tuo Maltipoo potrebbe scivolare. Ti sorprenderebbe quanto poco spazio gli serva per strisciare verso la libertà. Assicura la recinzione e verifica che non ci siano oggetti appuntiti o pericolosi che potrebbero ferire il tuo cucciolo.

Piante

Molte piante d'appartamento, come filodendri, gigli, vischio, stelle di Natale e piante di pomodoro, sono tossiche per i cani. Assicurati che siano fuori dalla portata del tuo Maltipoo, perché se masticasse le loro foglie, potrebbe incorrere in problemi gravi o persino fatali.

Scale e balconi

Se hai una tromba delle scale o delle scale, assicurati che ci sia un cancelletto per impedire al tuo cucciolo di salire o scendere: potrebbe accidentalmente cadere e fratturarsi un osso. Inoltre, troppo stress sulle ossa in via di sviluppo potrebbe causare danni permanenti che potrebbero influire in futuro su anche e ginocchia.

Chiudi qualsiasi accesso al balcone o a terrazze alte, poiché i cuccioli possono facilmente cadere attraverso le aperture nella ringhiera.

Compost

Se hai un cumulo di compost nel tuo giardino, assicurati che il tuo cucciolo non possa accedervi, specialmente se ci butti i fondi di caffè. I fondi di caffè contengono caffeina, che può essere tossica per i cani anche in piccole quantità.

Preparati a fondo

Queste sono alcune semplici accorgimenti che puoi prendere per preparare la tua casa o appartamento per il grande giorno in cui porterai a casa il tuo cucciolo di Maltipoo. Questi consigli ti aiuteranno a mantenere il tuo amico a quattro zampe al sicuro, in modo che possa vivere una vita lunga e felice al tuo fianco.

Fai un giro della tua casa o, ancora meglio, mettiti in ginocchio e striscia per ogni stanza: questo ti porterà al livello del tuo cucciolo e ti permetterà di vedere quali pericoli ci sono alla sua portata.

Qualche giorno prima di portare a casa il tuo nuovo cucciolo di Maltipoo, fai una pulizia approfondita della casa e controlla che non ci siano oggetti fragili facilmente raggiungibili del cucciolo.

Regole e routine domestiche

"I Maltipoo si adattano molto bene a qualsiasi casa che dia loro amore e attenzione. Vanno molto d'accordo con i bambini che sono gentili con loro e sono anche ottimi per chi ha la sindrome del nido vuoto."

Renee Banovich
aTender1sPuppies.com

Le regole e le routine sono importanti per mantenere l'ordine e la pace in casa. Quando porti a casa il tuo nuovo Maltipoo, cercherà di capire dove si colloca nel suo nuovo ambiente.

La coerenza è la chiave per aiutare il tuo nuovo Maltipoo a sistemarsi rapidamente e iniziare a far parte della famiglia.

Le tue regole e la tua routine rifletteranno la tua personalità e il tipo di relazione che avrai con il tuo Maltipoo. Il miglior tipo di relazione da avere con il tuo cane è quella basata sulla fiducia reciproca, il rispetto e l'amore. La chiave per questo è evitare, in ogni momento, correzioni verbali severe e punizioni fisiche. Come abbiamo imparato, i Maltipoo sono molto sensibili ed essere trattati in questo modo causerà loro profondi problemi emotivi.

Prima di portare a casa il tuo Maltipoo, assicurati che tu e la tua famiglia discutiate e vi accordiate sulle seguenti questioni:

Foto di
Joanna Howard

Dove dormirà il tuo Maltipoo?

L'opzione più indicata è che dorma in uno spazio confinato vicino a dove dorme qualcun altro. I cuccioli di Maltipoo sono molto socievoli e si angosciano facilmente quando vengono lasciati soli.

Permetterai al tuo Maltipoo di salire sui mobili?

Coccolando il tuo Maltipoo sul divano, gli stai insegnando che gli è permesso stare sui mobili. Assicurati che tutti siano d'accordo nel permettere al tuo nuovo cucciolo di sedersi sul divano, ecc. Alcune persone decidono che va bene che il cane salga sul divano, ma gli insegnano a chiedere il permesso prima.

Dove sarà il tuo Maltipoo durante il giorno?

I proprietari di Maltipoo che sono in pensione, lavorano da casa o hanno il lusso di poter portare il loro cane al lavoro con loro non dovranno porsi il problema di lasciare il loro cucciolo da solo, poiché potranno supervisionarlo direttamente durante la prima settimana con regolari pause per i bisogni. Se il tuo cucciolo dovrà rimanere solo durante il giorno, potrai dover considerare di assumere una dog sitter per la prima settimana per portarlo fuori a fare i bisogni.

Quali giochi permetterai al tuo Maltipoo di fare?

Alcuni giochi rinforzano comportamenti negativi come saltare addosso alle persone, mordere o abbaiare. Assicurati che tutta la famiglia sia d'accordo sui giochi che possono fare con il tuo Maltipoo.

Chi darà da mangiare al tuo Maltipoo, cosa gli darà e quando?

I Maltipoo hanno bisogno di un programma regolare per mangiare. Fino a quattro mesi di età, avranno bisogno di mangiare quattro volte al giorno, poi dai quattro ai dodici mesi mangeranno tre pasti al giorno. Dovrai decidere quando dargli ciascuno dei suoi pasti. È anche importante decidere chi darà da mangiare al tuo Maltipoo per evitare di sovralimentarlo o di dimenticare i pasti.

Infine, dovrai decidere che tipo di cibo per cani darai al tuo Maltipoo. Se è una marca commerciale, assicurati che contenga solo alimenti integrali e nessun conservante artificiale che possa disturbare lo stomaco del tuo cucciolo.

Chi addestrerà il tuo Maltipoo?

Tutti in casa possono partecipare all'addestramento del tuo Maltipoo. Potrebbe essere intelligente scegliere un addestratore principale, ma tutti possono partecipare all'addestramento del tuo cucciolo, dal momento che farà parte della famiglia. Decidi in anticipo i trucchi e i comportamenti che vorresti che il tuo cucciolo imparasse, poi fai un elenco di parole chiave per ciascuno e appendilo sul frigorifero in modo che tutti usino gli stessi segnali comportamentali, come "vai a fare i bisogni".

Come correggerai il tuo Maltipoo per i suoi errori?

La permissività è il peggior nemico di ogni cane. Assicurati che tutta la famiglia capisca come disciplinare il tuo Maltipoo. Quando commette un errore, interrompi con calma il comportamento del tuo Maltipoo con un fermo ma gentile "no", poi dirigi la sua attenzione verso qualcos'altro.

I cuccioli svilupperanno le loro abitudini nei primi mesi. Non dare al tuo Maltipoo la possibilità di masticare i tuoi cuscini ora, così non saprà mai cosa si sta perdendo quando sarà più grande. Sostituisci il comportamento negativo con un comportamento positivo.

Avere un animale domestico è una grande responsabilità. Il modo in cui insegni al tuo Maltipoo le regole della casa permetterà al tuo animale di trascorrere il resto della sua vita condividendo felicemente la sua amorevole compagnia con te. Il tuo Maltipoo merita una casa amorevole, quindi assicurati che le tue regole gliela forniscano.

Forniture da tenere a portata di mano

Le famiglie trascorrono mesi a prepararsi per l'arrivo di un nuovo bambino. Un nuovo cucciolo non ha bisogno di tanta preparazione, ma richiede comunque un po' di organizzazione prima del grande giorno in cui porterai a casa il tuo cucciolo di Maltipoo.

Come puoi rendere il tuo Maltipoo a suo agio mentre si adatta al suo nuovo ambiente e alla vita con te? Per prima cosa, devi raccogliere alcune forniture per l'arrivo del tuo nuovo cucciolo. Cosa dovresti avere prima di portare a casa il tuo Maltipoo?

- **Collare e guinzaglio:** scegli un collare che possa contenere la medaglietta e i dati identificativi del tuo cane. Dovresti essere in grado di inserire due dita sotto il collare. È molto probabile che il tuo Maltipoo superi rapidamente le dimensioni del suo primo collare. Il guinzaglio dovrebbe essere robusto e ben fatto, con una lunghezza di almeno un metro e venti. Man mano che il tuo cucciolo cresce, potresti decidere di investire in un guinzaglio più lungo.
- **Recinto o box:** un recinto espandibile, un box o un'area recintata che possa impedire al tuo cucciolo di aggirarsi per casa è una buona idea. Se hai deciso di addestrare il tuo Maltipoo con la gabbia, assicurati che questa sia abbastanza grande da permettere al tuo cucciolo di alzarsi e girarsi quando sarà completamente cresciuto.

- **Lettino:** dal primo giorno, il tuo nuovo cucciolo di Maltipoo avrà bisogno di un'area morbida e comoda dove appoggiare la testa. Nel tuo negozio di animali locale puoi trovare lettini imbottiti rivestiti di pile e pelle di pecora per mantenere il tuo cucciolo ben caldo mentre sonnecchia.

- **Ciotole:** scegli ciotole in ceramica o acciaio inossidabile; evita le ciotole di plastica che hanno colorante rosso, poiché può irritare gli occhi del tuo Maltipoo. Tieni le ciotole piene di acqua fresca e cibo in modo che il tuo cucciolo possa bere o mangiare un boccone quando arriva a casa tua.

- **Cibo:** il tuo cucciolo di Maltipoo potrebbe essere molto piccolo, ma ha un grande appetito. Tutte le creature giovani hanno bisogno di cibo che aiuti la loro crescita e sviluppo. Il tuo cucciolo ha bisogno di una dieta che fornisca un'adeguata nutrizione per la sua fase di rapida crescita. Assicurati di rivedere le raccomandazioni dietetiche con

Foto di Bonnie L Braud

il tuo veterinario per assicurarti che il cibo che hai scelto sia giusto per il tuo Maltipoo.

- **Spazzola:** il tuo Maltipoo avrà bisogno di essere spazzolato quotidianamente; prima inizi a spazzolarlo, meglio si comporterà durante la toelettatura. All'inizio, avrai bisogno di una buona spazzola progettata per il tipo di pelo che ha il tuo cucciolo. Spazzolare aiuta a mantenere il mantello del tuo cucciolo sano e lucente.

- **Giocattoli da masticare:** i cuccioli che stanno mettendo i denti hanno le gengive doloranti, il che li porta a masticare tutto ciò che vedono. Se non hai abbastanza giocattoli da masticare a portata di mano, rischi di dover dire addio alle tue scarpe e ai tuoi cuscini. Nel tuo negozio di animali locale, cerca giocattoli da masticare che siano appropriati per la razza e l'età del tuo cane. Monitora attentamente il tuo cucciolo quando sta masticando e scarta immediatamente qualsiasi giocattolo che ha distrutto. Un giocattolo popolare è il Kong, che può contenere snack al suo interno.

- **Prodotti per la pulizia:** i prodotti per la pulizia sono una delle cose principali che dovrai avere a portata di mano dal primo giorno. Ci sono molti detergenti sul mercato che sono considerati sicuri per gli animali domestici. Cerca detergenti enzimatici che scompongano le proteine nell'urina del cane: la loro persistenza porterà il tuo cucciolo a fare i bisogni nello stesso punto già sporcato, ma l'uso di un detergente enzimatico ti aiuterà a prevenire futuri incidenti.

- **Lettiera:** se addestrerai il tuo Maltipoo a usare la lettiera, assicurati di avere abbastanza giornali a portata di mano mentre fai la transizione dal giornale alla lettiera. Dovresti usare la lettiera per cani, poiché i cuccioli cercheranno di mangiare la lettiera per gatti, che può essere tossica per loro.

Fornitori di servizi

Non è mai troppo presto per iniziare a ricercare i diversi fornitori di servizi di cui avrai bisogno per aiutarti a crescere il tuo adorabile cucciolo di Maltipoo. Dovrai trovare un veterinario, un toelettatore e, se necessario, un istruttore di addestramento, una pensione per cani, un dog sitter, un dog walker o un asilo per cani.

Come puoi trovare informazioni su quanto sopra?

Un modo è una ricerca su internet: sarai in grado di vedere tutti i professionisti in ogni campo nella tua zona in pochi secondi. Molti siti web offrono anche referenze e recensioni.

La seconda opzione, il passaparola, è di gran lunga la migliore, poiché si basa sulle opinioni di persone di cui ti fidi. Chiedi ai tuoi vicini e amici chi raccomandano per un determinato servizio. Inoltre, chiedere sui social media può darti una quantità infinita di feedback per aiutarti a scegliere la persona migliore per il lavoro in questione.

Una terza opzione è scorrere le pagine gialle.

Il modo migliore per decidere se un fornitore di servizi fa per te è prendere il telefono e chiamarlo. Se il fornitore non è cordiale al telefono, è probabile che non sia piacevole di persona o con il tuo cucciolo. Cancellalo dalla lista e passa al nome successivo.

Se il fornitore ha superato il tuo test telefonico, chiedi se puoi visitarlo per fare alcune domande e vederlo al lavoro.

Quando vai a visitare un fornitore di servizi per il tuo cucciolo, osserva come tratta i suoi clienti umani e canini. Li tratta con rispetto e cura? I cani sembrano rilassati e a loro agio o stressati? Le strutture sono ordinate e pulite, senza odori sgradevoli? Prendi appunti e cancella i fornitori di servizi che non soddisfano le tue aspettative.

Una volta che hai scelto i tuoi fornitori di servizi preferiti, fai un elenco di essi e mettilo in un posto sicuro. Il primo della lista dovrebbe essere il veterinario, così da poter subito fissare un appuntamento per il primo controllo del tuo cucciolo.

Il viaggio verso casa

Il grande giorno è arrivato, è il momento di andare a prendere il tuo cucciolo di Maltipoo e portarlo a casa. Potresti essere sopraffatto dalla gioia e dalla felicità, ma come si sente il tuo Maltipoo?

Molto probabilmente, non è entusiasta del grande giorno: lo stai portando via da tutto ciò che ha conosciuto, la sua tana e la sua famiglia. Questo può essere molto stressante per il tuo Maltipoo di otto settimane.

Se sei ben preparato per questo grande giorno, puoi rendere il viaggio verso la sua nuova casa un'esperienza di legame e tranquillizzarlo.

Prima di prenderlo

Pianifica di avere del tempo libero dal lavoro a partire dal giorno in cui porti a casa il tuo cucciolo. Avrai bisogno di circa cinque-sette giorni per poter addestrare correttamente il tuo Maltipoo a fare i bisogni ed evitare che si radichino cattive abitudini.

Cerca di portarlo a casa durante un fine settimana lungo o le tue vacanze: questo ti permetterà di avere tempo per le giuste presentazioni, la socializzazione e l'addestramento per i bisogni. Evita di portare il tuo nuovo cucciolo a casa durante le festività, quando i festeggiamenti interferiranno con l'attenzione di cui il tuo cucciolo ha tanto bisogno.

Chiedi a un amico o a un familiare di venire con te a prendere il tuo Maltipoo. Fai guidare l'auto al tuo amico mentre tu ti prendi cura del tuo cucciolo.

Inoltre, avere un secondo paio di orecchie che ascoltino le istruzioni che l'allevatore ti dà è una buona idea perché, con tutta l'eccitazione della giornata, è molto facile dimenticare qualcosa di importante.

Scrivi in anticipo qualsiasi domanda che potresti avere, come il programma di alimentazione del cucciolo e la cura generale. Tieni la lista con te, così non dimenticherai di informarti.

Chiedi all'allevatore di non dare da mangiare al tuo cucciolo il giorno in cui prevedi di prenderlo. È comune che i cuccioli sperimentino il mal d'auto e uno stomaco vuoto è il modo migliore per prevenirlo.

Se prevedi di portare a casa il tuo cucciolo in un trasportino, assicurati che l'allevatore abbia il trasportino e lo presenti al tuo cucciolo qualche giorno prima del tuo arrivo. Questo renderà l'esperienza meno traumatica.

Dall'allevatore o al rifugio

Richiedi alcuni giorni di scorta del cibo a cui il tuo cucciolo è abituato. Un cambiamento improvviso nella dieta può disturbare lo stomaco del tuo cucciolo o fargli perdere l'appetito: per facilitare la transizione, puoi lentamente mescolare il vecchio cibo con la nuova marca di cibo per cuccioli da te acquistato.

Raccogli tutta la documentazione necessaria. Assicurati di ricevere il contratto di adozione, eventuali documenti veterinari e qualsiasi altra documentazione che l'allevatore ha promesso.

Arriva in anticipo al tuo appuntamento. Dovresti trascorrere dieci-quindici minuti a giocare con il tuo nuovo cucciolo per presentarti. Questo aiuterà il tuo cucciolo a essere a suo agio durante il viaggio verso casa perché almeno conoscerà il tuo odore.

Il viaggio in auto verso casa

Questa è probabilmente la prima volta del tuo cucciolo in un'auto. Prima di partire, lascia che esplori il nuovo ambiente annusandolo: potrebbe richiedere un paio di minuti, ma vuoi che il tuo nuovo cucciolo si fidi di te fin dal primo giorno. Questo fa tutto parte del processo di conoscenza.

Se possibile, siediti sul sedile posteriore con il tuo nuovo cucciolo. Copri il tuo grembo e la tappezzeria con un asciugamano o una coperta, nel caso in cui il tuo cucciolo soffra di mal d'auto.

Se il tuo cucciolo inizia a piangere o a guaire, non essere eccessivamente affettuoso poiché ciò non farà che rinforzare il comportamento. Accarezzalo dolcemente e lascia che si rilassi. Se diventa indisciplinato e troppo rumoroso, mettilo sul pavimento tra i tuoi piedi: questo lo farà sentire come in una tana, aiutandolo a calmarsi.

Se è un lungo viaggio verso casa, fermati per le pause bagno, facendo attenzione a non visitare luoghi frequentati da altri cani. Il tuo piccolo cucciolo non è stato ancora vaccinato, quindi è suscettibile a diversi tipi di malattie.

All'arrivo a casa tua

Una volta arrivato a casa tua, è il momento di presentare il tuo cucciolo al suo nuovo ambiente. Le prime impressioni durano, quindi assicurati che la tua casa sia il più rilassata e priva di stress possibile.

La cosa più importante da sapere è che è troppo presto per punire il tuo cucciolo. Ora è sopraffatto e spaventato, punirlo causerà solo confusione e stress.

Prima, portalo nell'area che hai scelto per fare i bisogni. Molto probabilmente, avrà bisogno di andare in bagno dopo il lungo viaggio in auto. Se va nel posto designato, lodalo: ecco fatto! Hai iniziato ad addestrare il tuo Maltipoo a fare i bisogni.

Quando porti il tuo Maltipoo in casa, lascia che esplori di sua spontanea volontà. Se inizia a rosicchiare o masticare i cuscini o i mobili, distrailo rapidamente con un giocattolo da masticare.

Ogni volta che ti guarda, di' il suo nome in modo allegro. Questo gli insegna il suo nome e che tu sei il suo capobranco.

Dagli qualcosa da mangiare e goditi semplicemente il nuovo membro della tua famiglia, il tuo adorabile cucciolo di Maltipoo. Presto diventerà l'amico più fedele della tua vita.

Presentare il tuo Maltipoo ad altri animali domestici

Come puoi presentare il tuo nuovo Maltipoo ai tuoi altri cani?

Prima di tutto, devi farti un'idea di come si comporterà il tuo cane più anziano, così non sarai sorpreso dalla sua reazione. I cani più anziani non accoglieranno il nuovo cucciolo a zampe aperte; potrebbero ringhiare e snobbare il nuovo cucciolo di Maltipoo, ma probabilmente non lo feriranno.

Quando un nuovo cane viene introdotto in casa, entrano in gioco gli istinti territoriali. Questi istinti sono la ragione principale per cui i cani hanno bisogno di incontrarsi alle loro condizioni e non alle nostre. Gli umani dipendono dalla vista per prendere decisioni, ma i cani si affidano molto al loro senso dell'olfatto. È meglio se possono annusarsi a vicenda prima dell'incontro faccia a faccia.

Come puoi presentarli usando il loro senso dell'olfatto? Seguendo questi quattro semplici suggerimenti:

1. Prima presentazione: metti ogni cane in una stanza separata o i loro trasportini in stanze diverse, ma metti un oggetto (come una coperta o un giocattolo) che appartiene a uno dei cani nell'area chiusa dell'altro. I cani si sentono molto sicuri nelle loro aree chiuse e possono annusare l'odore dell'altro cane senza sentirsi intimiditi. Dopo un breve periodo, scambia gli articoli riportandoli al proprietario originale, in modo che possano comunicare attraverso l'odore.

2. Seconda presentazione: lascia che il nuovo cane vaghi per la casa. Questo gli permette di prendere confidenza con il nuovo ambiente e di annusare in giro. Sarà in grado di sentire l'odore dell'altro cane in giro per la casa e, mentre cammina, lascerà il suo odore in giro perché l'altro cane lo possa annusare. Durante questo passaggio, è molto importante che l'altro cane sia fuori dalla vista. Dopo aver messo via il nuovo cane, fai uscire l'altro cane in modo che possa annusare il nuovo odore.

3. Terza presentazione: scambia i cani. Porta ciascuno al luogo di riposo dell'altro cane e lascia che riposino lì, con più odori da assimilare e conoscere. Inoltre, quando porti ciascun cane fuori per fare i bisogni, lascia che annusi l'area dove l'altro normalmente va in bagno. Questo è un momento perfetto per abituarsi ai nuovi odori.

4. Quarto incontro: finalmente arriva il grande momento, l'incontro faccia a faccia. Per ragioni territoriali, è preferibile condurre l'incontro su un terreno neutro, come il cortile del tuo vicino o qualsiasi area re-

cintata che sia priva dei loro odori. Poiché sono già stati formalmente presentati dall'odore, normalmente correranno solo per salutarsi e annusarsi a vicenda, senza mostrare segni di voler combattere.

Questo è un metodo senza stress per presentare i tuoi cani perché stai facendo leva sui loro istinti naturali. Potresti portare a termine il processo in un giorno, ma normalmente funziona meglio se diviso in diversi giorni.

Devi ricordare che la tua casa apparteneva prima al tuo cane più anziano, quindi ha alcuni diritti. Come ti sentiresti se qualcuno che non conosci entrasse in casa tua senza il tuo permesso e si mettesse a suo agio? Saresti molto turbato e sconvolto. Ora, immagina come si sente il tuo cane più anziano: c'è un nuovo cane estraneo in casa e la famiglia sta dando a questo nuovo arrivato attenzioni che prima non doveva condividere. Ha il diritto di essere turbato, quindi sii paziente con il tuo cane più anziano e rassicuralo che lo ami ancora come prima.

I ringhi sono una forma di comunicazione che i cani più anziani usano, ma che i cuccioli non hanno ancora imparato a usare correttamente. I nuovi cuccioli potrebbero non cogliere alcuni segnali più sottili, come il cane più anziano che si allontana, si arrotola in una palla, ecc. Il ringhio è l'unico modo in cui il cucciolo può imparare che il cane più anziano non vuole interagire.

Se il tuo cane più anziano ringhia al tuo piccolo cucciolo, non essere veloce a punirlo: sta solo comunicando. È un segnale per te che è il momento di separare i cani per un po', il che dà loro una necessaria pausa l'uno dall'altro.

Normalmente, ci vogliono circa tre settimane perché i cani più anziani accettino un nuovo cane. Proprio come tra parenti non sempre si va tutti d'accordo, non tutti i cani diventano migliori amici. Se questo è il caso dei tuoi amici a quattro zampe, non essere deluso: l'importante è che ci sia abbastanza amore in casa per tutti e che tutti i tuoi cani si sentano amati e curati.

Ecco alcuni promemoria di cosa non fare quando presenti il tuo nuovo Maltipoo al tuo cane più anziano:
- Non tenere il tuo nuovo cane tra le braccia mentre fai le presentazioni. Questo farà sentire il nuovo cane insicuro e indifeso. Lascia che i cani si incontrino al loro livello, a terra. Puoi stare in piedi nelle vicinanze, in modo che il nuovo cane possa nascondersi tra le tue gambe se si sente spaventato, ma non prendere in braccio il nuovo arrivato fino a quando la presentazione è completata.
- Non lasciare che il tuo cane più anziano faccia il bullo con il nuovo cucciolo. Se ciò accade, è il momento di separare i due per un po'.

- Non chiudere mai i due cani insieme in una stanza o in un traspor- tino, pensando che risolveranno le loro differenze e diventeranno amici. Come ti sentiresti se fossi chiuso in uno spazio ristretto con qualcuno che non conosci? È una ricetta per il disastro.

- Tutti gli istinti dei cani entrano in gioco quando è l'ora dei pasti; sono portati a proteggere il loro cibo. Non mettere mai le ciotole del pa- sto una accanto all'altra, ma posizionale su lati opposti della stanza. Facendo questo, eviterai litigi e i tuoi cani impareranno a mangiare solo dalle loro ciotole.

- "Lascia che se la sbrighino tra loro" è il peggior consiglio al mondo per umani e cani. Chiediti come ti senti riguardo a qualcuno con cui hai avuto una discussione verbale. Ti senti come se avessi risolto le vostre differenze, o come se la relazione fosse ancora più complicata di prima? Molto probabilmente, la seconda.

  I cani potrebbero avere memoria corta, ma permettere loro di com- battere insegna loro che quel comportamento è accettabile e il nuo- vo cane può iniziare a sentirsi vittima di bullismo e insicuro, portan- do all'ansia. L'ansia porta a problemi di comportamento e difficoltà di apprendimento.

Se trovi che i tuoi cani hanno difficoltà ad accettarsi a vicenda all'in- terno della tua casa, esci in un ambiente neutro. Fai una passeggiata in- torno all'isolato con entrambi i cani su guinzagli diversi. Durante la pas- seggiata, è probabile che entrambi i cani vadano in bagno, permetten- do a ognuno di annusare l'urina dell'altro. Questo può essere un buon modo per rompere il ghiaccio per la maggior parte dei cani.

Per le prime due settimane, cerca di non lasciare i cani da soli insie- me e sii sempre presente quando interagiscono. Non lasciarli da soli in- sieme finché non sei sicuro che si siano accettati a vicenda.

È importante continuare con la normale routine del tuo cane più an- ziano, poiché ha abitudini consolidate. Assicurati di portarlo a fare le sue passeggiate quotidiane, dargli da mangiare e giocare con lui negli stes- si orari in cui lo avresti fatto normalmente prima dell'arrivo del nuovo membro della famiglia. Questo aiuterà il tuo cane più anziano a sentire che il nuovo cane non sta interrompendo la sua vita quotidiana.

CAPITOLO QUATTRO
Educazione ai bisogni

Hai finalmente trovato il cucciolo di Maltipoo più adorabile del mondo, ma il giorno in cui lo porti a casa è l'inizio di una nuova sfida. A nessuno piace svegliarsi la mattina e vedere un pasticcio sul tappeto della sala da pranzo. Improvvisamente, il tuo piccolo Maltipoo non è più così adorabile.

Normalmente, ci vuole meno di una settimana per educare il tuo Maltipoo ai bisogni. Potrebbe avere qualche incidente occasionale dopo quei sette giorni, ma sarà un evento raro. I Maltipoo hanno un metabolismo molto veloce, il che significa che avranno bisogno di fare i bisogni più spesso rispetto a un cane più grande.

E se hai adottato un Maltipoo più anziano che non è stato correttamente educato ai bisogni?

Foto di
Valentina Hartman

Sarà più impegnativo, ma i suggerimenti che trovi in questo capitolo possono aiutarti a educare con successo ai bisogni anche un Maltipoo più anziano. Potrebbe richiedere più di sette giorni, oltre a molta pazienza e amore, ma vedrai che puoi insegnare nuovi trucchi anche a un cane anziano, specialmente per quanto riguarda l'educazione ai bisogni.

C'è una famosa citazione che afferma: "Il mio atteggiamento dipende da come mi tratti."

Il tuo Maltipoo risponderà a come lo tratti. Se lo tratti con gentilezza, pazienza e amore, risponderà allo stesso modo, ma se sei nervoso e visibilmente turbato quando ha i suoi piccoli incidenti, diventerà nervoso e confuso.

Sii preparato fin dal primo giorno

Ci sono interi libri dedicati a come educare il tuo cane ai bisogni, ma in questo capitolo ci concentrermo su come educare efficacemente il tuo Maltipoo. Troverai i suggerimenti in questo capitolo utili per educare ai bisogni quasi qualsiasi cane, ma soprattutto il tuo intelligentissimo Maltipoo.

Ecco una lista di articoli che dovresti avere a portata di mano prima di portare a casa il tuo cucciolo di Maltipoo e iniziare l'educazione ai bisogni:

- **Biscotti o premietti:** sarebbe saggio acquistare biscotti o premietti per cuccioli prima di portare a casa il tuo Maltipoo. Una volta che sarà lì, non avrai tempo extra per correre al negozio e comprarne alcuni. Se hai optato per preparare i tuoi premietti fatti in casa per il tuo Maltipoo, anche in questo caso è saggio prepararli in anticipo.

  I premietti possono essere usati come ricompense quando fa i bisogni nell'area designata. Questo lo aiuterà a capire che viene premiato per un comportamento positivo e porterà il tuo cucciolo a voler ripetere il processo per ricevere un premio.

- **Giocattolo che squittisce:** questo può essere utile quando noti che sta per fare i bisogni, poiché lo distrarrà e gli impedirà di farli in punti non appropriati.

- **Lettiera:** se educherai il tuo Maltipoo a usare una lettiera, assicurati di avere una cassetta della dimensione corretta per accogliere il tuo cucciolo di Maltipoo quando sarà completamente cresciuto. Prepara la cassetta con nuova lettiera all'interno. È saggio mettere dei giornali intorno alla cassetta, nel caso in cui abbia un incidente prima di raggiungerla.

Insieme alla lettiera e alla sabbia, avrai bisogno di una paletta per rimuovere le feci secche.

- **Cancelletti per bambini:** cancelletti sicuri per bambini aiuteranno a impedire al tuo cucciolo di Maltipoo di vagare in aree della tua casa dove non vuoi che stia fino a quando non sarà educato ai bisogni.
- **Sacchetti:** sacchetti oblunghi, come quelli usati per i giornali o il pane, sono molto utili per raccogliere le feci del tuo cucciolo.
- **Prodotti per la pulizia:** cerca prodotti per la pulizia appositamente progettati per pulire gli incidenti dei cuccioli in casa. Distruggeranno l'odore che rimane quando il tuo cucciolo fa i bisogni.
- **Guinzaglio:** assicurati di prendere un guinzaglio che sia lungo almeno due metri; lascerà al tuo Maltipoo lo spazio necessario per trovare un posto perfetto per fare i bisogni mentre lo tieni legato in modo che non possa scappare.
- **Cappottino per cani:** se educherai il tuo cucciolo ai bisogni all'aperto nei freddi mesi invernali, un cappottino lo manterrà caldo e comodo mentre si prende il suo tempo per trovare il posto ideale per fare i bisogni.

  Assicurati di avere anche una giacca calda o un maglione, poiché i cuccioli di Maltipoo amano esplorare accuratamente il loro posto prima di fare effettivamente i bisogni. Inoltre, un grande ombrello è utile per mantenere te e il tuo Maltipoo asciutti sotto la pioggia.
- **Luce UV:** un dispositivo utile che aiuta a mostrare le macchie di urina, che altrimenti sono invisibili agli umani. Questo ti aiuterà a pulire efficacemente qualsiasi pasticcio correttamente, evitando futuri incidenti nella stessa area.
- **Recinzione:** se hai un cortile dove prevedi di lasciare vagare liberamente il tuo Maltipoo, assicurati che la recinzione non abbia buchi attraverso i quali il tuo cucciolo possa strisciare e scappare. Inoltre, assicurati che sia abbastanza alta da tenere fuori altri cani.
- **Trasportino:** se utilizzerai il trasportino per educare il tuo Maltipoo, assicurati che sia abbastanza grande da permettere al tuo cane di stare comodamente in piedi, girarsi e sdraiarsi. Tieni in considerazione la dimensione stimata del tuo cucciolo di Maltipoo quando sarà completamente cresciuto.

Inoltre, prima di iniziare a educare il tuo Maltipoo ai bisogni, devi assicurarti di avere l'atteggiamento corretto fin dal primo giorno; altrimenti, sia tu che il tuo cucciolo soffrirete. Ecco alcuni suggerimenti su come entrare nel giusto stato d'animo per l'educazione ai bisogni.

Tempo e pazienza

Il processo di educazione del tuo Maltipoo non avverrà miracolosamente dall'oggi al domani. Il primo passo prima di portare a casa il tuo nuovo cucciolo di Maltipoo è preparare il tuo atteggiamento. Devi renderti conto che dovrai dedicare tempo ed energia al tuo piccolo cucciolo e che, a volte, dovrai essere estremamente paziente con lui.

Tutti i cuccioli hanno sistemi digestivi estremamente veloci; la regola generale è che più piccolo è il cucciolo, più veloce è il sistema digestivo. I Maltipoo non fanno eccezione: avranno bisogno di fare i bisogni poco dopo aver mangiato o bevuto.

La prima settimana sarà dedicata a insegnare al tuo Maltipoo a fare i bisogni nel suo posto designato, sia nella lettiera che all'esterno. Questo significa che dovrai portare il tuo cucciolo al posto designato più di dieci volte al giorno. Questo richiederà tempo, ma alla fine ne varrà la pena quando il tuo cucciolo si dirigerà automaticamente verso il suo posto designato per fare i bisogni.

Durante la prima settimana, quando sarai svegliato da un cucciolo che piange perché vuole fare i bisogni, la pazienza sarà fondamentale. Se stai educando all'esterno, questo può significare stare sotto la pioggia battente alle 2 del mattino, mentre il tuo cucciolo sceglie meticolosamente il posto giusto per fare i bisogni. Ricorda, il tuo cucciolo sta imparando a controllare le sue funzioni corporee, quindi questo è solo temporaneo. Dopo alcuni giorni, sarà in grado di controllare la sua vescica per tutta la notte e non ci saranno più notti come questa.

Positività

"Quando ha un incidente non urlare mai, ma fagli capire che sei infelice. Il tuo cucciolo vuole compiacerti!"

Dena Fidanza
www.denasdoggies.com

Immagina di dover fare qualcosa sotto l'occhio vigile del tuo superiore, ma quello inizia a irritarsi e arrabbiarsi con te perché ci stai mettendo troppo tempo. È uno scenario che praticamente tutti viviamo, almeno una volta nella vita. Come ci sentiamo sotto quella pressione? Ci fa diventare stressati e nervosi, il che ci porta a commettere un errore.

Ora immagini come si sente il tuo cucciolo di Maltipoo, quando lo guardi con irritazione e gli parli duramente?

Si sente allo stesso modo in cui ti sentiresti tu. Lo fa sentire nervoso e stressato, perché sta ancora imparando a controllare la sua vescica e lo stress può fargli fare i bisogni spontaneamente. O peggio ancora, lo stress può fargli dimenticare che ha bisogno di fare i bisogni, quindi non li fa. Poi, quando torni in casa, ha un incidente perché non può più trattenersi.

Lo stress e la negatività sono contagiosi.

Quando il tuo Maltipoo sta cercando il posto perfetto per fare i suoi bisogni, non vuoi aggiungere più pressione dicendogli di sbrigarsi o spingendolo in posizione. Mentre il tuo cucciolo sta cercando il posto ideale, sii noncurante e non parlargli, lascialo solo concentrarsi sul compito che ha davanti.

Alcuni cuccioli di Maltipoo sono timidi nel fare i bisogni davanti agli altri; quindi, potresti dover distogliere lo sguardo e dare al tuo cucciolo un po' di privacy.

La chiave è farlo sentire a suo agio quando è il momento di fare i bisogni. Alcune cose nella vita non possono essere affrettate, quindi evita di mettere fretta o stressare il tuo cucciolo.

Mantieni la calma e non urlare mai al tuo cucciolo di Maltipoo. Se ti sembra di star perdendo tempo aspettando che faccia i bisogni, ricorda che se non dedichi tempo ora a educare correttamente il tuo cucciolo di Maltipoo ai bisogni, perderai molto più tempo in futuro a pulire dopo di lui. Quindi, cerca di goderti questo momento di legame con il tuo cucciolo.

Per educare correttamente il tuo Maltipoo ai bisogni devi essere:
- Paziente
- Calmo
- Persistente e coerente
- Positivo
- Rispettoso
- Deciso

Ricorda, tutti i cani sono molto sensibili al nostro atteggiamento; lo sentono nel tono della nostra voce e osservando il nostro linguaggio del corpo. Se hai un atteggiamento negativo verso l'educazione ai bisogni, il cucciolo lo percepirà e molto probabilmente si comporterà male.

Prenditi una settimana di ferie dal lavoro per la prima settimana a casa del tuo cucciolo, così sarai presente per dare al Maltipoo il tempo necessario per essere correttamente educato ai bisogni. Se non puoi prendere ferie dal lavoro, puoi assumere una persona che si occupi del cucciolo quando non ci sei.

Come educare il tuo Maltipoo ai bisogni

Il tuo piccolo cucciolo di Maltipoo ha uno stile di vita molto impegnativo: mangia, dorme, gioca e fa i suoi bisogni. Che vita dura!

Comprendere la routine e le abitudini del tuo cucciolo può aiutarti a educarlo con successo ai bisogni.

Come un orologio

Iniziamo con la comprensione di come funziona il sistema digestivo. Normalmente, da cinque a venti minuti dopo che il tuo Maltipoo mangia, il cibo ingerito dovrà uscire. È piuttosto veloce! Controllando i tempi dei pasti, puoi controllare le abitudini in bagno.

Se è ancora un cucciolo, ha bisogno di mangiare più volte durante il giorno rispetto a un cane più grande. La pancia del tuo cucciolo di Maltipoo è piuttosto piccola e ha un metabolismo più veloce. Questo è un fattore chiave nell'educazione ai bisogni. Una volta stabilito un programma regolare di alimentazione, puoi prevedere pause regolari per i bisogni nel posto designato subito dopo aver mangiato.

I cuccioli di Maltipoo hanno bisogno di mangiare circa tre o quattro volte al giorno. Cerca di pianificare i pasti intorno al momento in cui sarai in grado di portarlo fuori.

Ricorda che ciò che entra deve uscire: impara a lavorare con il tratto digestivo del tuo cucciolo e potresti non sperimentare alcun incidente in casa.

Routine

"Iniziamo l'educazione dei cuccioli con la carta ed entro una settimana, portiamo i cuccioli fuori per regolari pause per i bisogni. È importante che i cuccioli abbiano sempre un posto dove andare che sia lontano dalla loro lettiera e dalle aree di gioco. Vogliono rimanere puliti. I cuccioli hanno bisogno di un programma per mangiare e fare pause per i bisogni."

Rebecca Posten
riversidepuppies.biz

I cuccioli di Maltipoo amano la routine. Vogliono ardentemente adattarsi al nostro stile di vita e alla nostra famiglia: prima capiscono il loro programma e dove appartengono, più velocemente si sistemeranno nella loro nuova casa, rendendo l'educazione ai bisogni più facile.

Sin dal primo giorno, devono conoscere la loro area per dormire, la ciotola dell'acqua, la ciotola del cibo e l'area designata per fare i bisogni. Una volta che capiscono che tutto ha un posto, l'educazione ai bisogni non sarà una sfida così grande.

In media, i cuccioli di Maltipoo hanno bisogno di fare i bisogni da otto a dieci volte al giorno. Stabilisci una routine il prima possibile e inizia a insegnare al tuo cucciolo che può fare i bisogni solo in determinati momenti.

Poco prima di andare a letto la sera, porta il tuo cucciolo al suo posto designato per fare i bisogni. Sta già dormendo pacificamente? Prendilo e portalo al posto designato e aspetta finché non fa i suoi bisogni. Questo gli insegna a adattarsi alla tua routine e ti aiuta non doverti svegliare nel mezzo della notte con un cucciolo che piange perché ha bisogno di fare i bisogni.

Allo stesso modo, quando ti svegli la mattina, prima di preparare il tuo caffè, vai a svegliare il tuo cucciolo e portalo al suo posto designato per fare i bisogni. Molto probabilmente vorrà giocare con te, ma sii paziente, sta imparando il tuo programma.

I primi giorni, molto probabilmente dovrai portarlo al suo posto designato ogni due ore, ma a poco a poco, quegli intervalli diventeranno sempre più lunghi man mano che la sua vescica diventa più forte. Prima che tu te ne accorga, il tuo cucciolo sarà in grado di superare la notte senza bisogno di una pausa per i bisogni.

L'educazione ai bisogni insegna al tuo cucciolo che ci sono tempi e luoghi stabiliti per fare i bisogni e che non può semplicemente andare ovunque e quando vuole.

Scegli il posto

Vuoi che il tuo Maltipoo si senta sicuro e protetto nel posto designato che hai scelto per i suoi bisogni. Assicurati che non sia troppo rumoroso e che non ci siano grandi veicoli che passano, i quali potrebbero spaventare il tuo piccolo cucciolo e dissuaderlo dal fare i bisogni.

Consiglio: scegli un posto che non sia stato usato da un altro cane. Tutti gli odori saranno travolgenti per lui, scegli un'area che sia solo per il tuo cucciolo e avrà solo il suo odore.

Quando scegli il posto designato, è importante poterci arrivare rapidamente, ma evita che sia proprio fuori dalla porta d'ingresso o dal portico. Molto probabilmente continuerà a usare questo posto anche dopo essere stato educato ai bisogni, poiché l'odore gli dice di tornare in quel posto. Man mano che continua a crescere, crescerà anche la dimensione delle feci, che non sono la cosa più piacevole da vedere mentre cammini verso casa. Scegli un posto che sia isolato, ma vicino.

Se vivi in un condominio, uscire rapidamente può essere una bella sfida. Come accennato prima, i cuccioli di Maltipoo rispondono bene all'educazione alla lettiera. Dovrai seguire gli stessi suggerimenti che trovi in questo capitolo, ma il posto designato sarà la lettiera.

Presentare al tuo cucciolo il posto designato

La prima cosa che devi fare quando porti a casa il tuo cucciolo di Maltipoo è presentargli il suo posto designato. Probabilmente è stanco, eccitato e un po' stressato. Inoltre, ha appena fatto un viaggio in auto spaventoso fino a casa tua. Molto probabilmente, il tuo nuovo Maltipoo ha bisogno di fare i bisogni.

Mettilo giù vicino al posto designato. Cerca di permettergli di camminare da solo verso l'area, poiché si sentirà più sicuro. Lascia che controlli l'area. Se è all'esterno, annuserà l'erba e forse giocherà anche un po'. Se non va nei primi cinque minuti, portalo dentro e mostragli il letto, l'acqua e la ciotola del cibo. Una volta che ha controllato quest'area, riportalo alla sua area designata e, questa volta, aspetta finché non fa i bisogni, lasciando lì il suo odore. Questo gli renderà più facile fare i bisogni lì in futuro.

Quando dovresti portare il tuo Maltipoo al suo posto per i bisogni?
- Ogni volta che il tuo cucciolo si sveglia (mattina, pomeriggio o sera).
- Ogni volta che finisce di mangiare o di bere molta acqua.
- Dopo aver giocato o essere stato eccitato.
- Se lo senti piagnucolare di notte o in qualsiasi momento della giornata.
- Se è in piedi alla porta che guarda per uscire.

Consigli utili

- I cuccioli hanno bisogno di mangiare almeno tre volte al giorno: colazione, pranzo e cena. Cerca di dare da mangiare al tuo cucciolo alla stessa ora ogni giorno.
- I cuccioli di Maltipoo avranno bisogno di fare i bisogni circa dieci volte al giorno, normalmente quando ti alzi e prima di andare a letto, dopo i pasti, dopo aver giocato e dopo aver bevuto.
- Porta il tuo cucciolo al suo posto designato il più possibile. Dopo che ha fatto i bisogni, premialo con un po' di tempo speciale per giocare.

Programma generale per l'educazione ai bisogni

Tieni le tue scarpe e i vestiti vicino al letto, così sarai pronto ad uscire al mattino.

MATTINA	
6:00 - 6:30	Porti SUBITO fuori il Suo cucciolo di Maltipoɔ
7:15 - 7:30	Momento di gioco in casa
7:30 - 8:00	Dia da mangiare al cucciolo nel suo spazio riservato (Consenta 15-20 minuti per la digestione)
8:00	Porti il cucciolo al suo spazio bagno designato
8:15	Metta il cucciolo nella sua area riservata

POMERIGGIO	
12:00	Porti il Suo cucciolo fuori
12:15 - 12:00	Giochi in casa
12:30 - 13:00	Dia da mangiare al Suo cucciolo nel suo spazio riservato (Consenta 15-20 minuti per la digestione)
13:00	Porti il Suo cucciolo nel suo spazio per i bisogni
13:15	Metta il Suo cucciolo nella sua area riservata.

SERA	
17:00 - 17:30	Porti il Suo cucciolo fuori
18:15 - 18:30	Gioco al chiuso
18:30 - 19:00	Dia da mangiare al Suo cucciolo nel suo spazio confinato (Consenta 15-20 minuti per la digestione)
19:00 - 20:00	Porti il cucciolo fuori
20:00 - 21:00	Gioco al chiuso
21:00	Metta il Suo cucciolo nella sua area confinata
22:30 - 23:00	Porti il Suo cucciolo fuori
23:15	Rimetta il cucciolo nell'area confinata per la notte

Questa è solo una linea guida di base per educare il tuo Maltipoo ai bisogni che puoi adattare al tuo programma. I cuccioli di Maltipoo di età inferiore ai quattro mesi avranno bisogno di mangiare quattro volte al giorno; tienilo in considerazione quando predisponi un programma.

57

Premi ed educazione ai bisogni

I cuccioli amano essere premiati per il loro buon comportamento.

Gli studi hanno dimostrato che quando gli animali vengono premiati per un buon comportamento, questo invia al loro cervello il messaggio che è vantaggioso ripetere quel comportamento. Quando ripetono il comportamento e vengono premiati, il desiderio di ripetere il comportamento diventa più forte. Dopo un po', diventa semplicemente parte della loro normale routine e non ci sarà più motivo di premiarli per il buon comportamento.

Questo è esattamente l'obiettivo dell'educazione ai bisogni; vuoi insegnare al tuo Maltipoo che fare i bisogni nel suo posto designato è un buon comportamento.

Quando e come dovresti premiare il tuo Maltipoo?

Il premio dovrebbe essere dato IMMEDIATAMENTE dopo che ha fatto i bisogni nel suo posto designato. Assicurati di avere sempre alcuni premietti in tasca da dargli subito, così assocerà il fare i bisogni in quel posto con l'essere premiato e vorrà ripeterlo.

Lodi verbali: una volta che il tuo cucciolo ha finito di fare i bisogni, mettiti al suo livello, se possibile, e accarezzalo generosamente, dicendogli che è un bravo cane e che ha fatto un buon lavoro. Sii molto entusiasta e positivo, poiché stai insegnando con il tono della tua voce che sei molto contento.

Potrebbe essere difficile mostrare entusiasmo alle 2 del mattino sotto la pioggia battente, ma è solo temporaneo e molto probabilmente dovrai alzarti così presto solo due o tre volte per portare fuori il tuo Maltipoo a fare i bisogni.

Premietti: questi saranno il tipo di premio preferito dal tuo cucciolo. Dai un premietto mentre stai dando il premio verbale o l'incoraggiamento.

Gioco: se puoi, questo è un momento meraviglioso per iniziare a creare un legame con il tuo Maltipoo giocando con lui all'aperto. Considererà questo come parte del premio per aver fatto i bisogni nel suo posto designato.

Uscire o andare alla lettiera sarà uno dei momenti salienti della giornata del tuo cucciolo, con tutti i premi che riceverà. Non vedrà l'ora di andare al posto designato.

Quando non dovresti premiare il tuo Maltipoo?
- Se è stato lasciato solo a casa e ha avuto un incidente nel suo spazio confinato.
- Se ha fatto i bisogni mentre stavi giocando con lui in casa.

- Se è scappato dal suo spazio confinato e ha fatto i bisogni dentro casa.

Naturalmente, queste occasioni non meritano di essere punite poiché il tuo cucciolo non capirà perché sei arrabbiato, ma inizierà a vedere che il momento dei bisogni porta premi solo quando è nel posto designato. Non dare mai al tuo cucciolo un premio per un cattivo comportamento, poiché questo non farà altro che confonderlo e renderà l'educazione ai bisogni una difficoltà per entrambi.

Più volte il tuo Maltipoo viene premiato per questo buon comportamento, più velocemente sarà educato. Ecco perché il rinforzo positivo è considerato una parte importante della prima settimana di educazione ai bisogni: sta insegnando buone abitudini che lo accompagneranno per tutta la vita.

Educazione al trasportino o alla tana

Sia l'educazione al trasportino che quella alla tana richiederanno di confinare il tuo cucciolo dal resto della casa, usando la porta del trasportino (o un cancelletto per bambini per l'educazione alla tana). Nell'educazione alla tana, l'area di confinamento dovrebbe essere priva di mobili e altri oggetti non relativi al cane.

Puoi acquistare un recinto o un box per cuccioli, che può essere installato in qualsiasi stanza della tua casa, nella maggior parte dei negozi di animali.

Metti nella tana del cucciolo o nel trasportino qualcosa di morbido e accogliente su cui dormire. Lascia anche una ciotola d'acqua e diversi dei giocattoli preferiti del tuo cucciolo, come un Kong riempito di premietti.

Come abituare il tuo Maltipoo alla sua nuova area di confinamento:

Passo 1 - Esercizio: porta il tuo Maltipoo fuori per una passeggiata o un po' di gioco serio. Questo farà stancare il tuo piccolo cucciolo, così andrà volentieri nell'area di confinamento.

Passo 2 - Distrazioni: una volta che lo metti nella sua area di confinamento, dagli un Kong riempito o alcuni premietti. Questo lo terrà distratto mentre ti occupi delle tue faccende in casa.

Passo 3 - Piagnucolii: il cucciolo finirà i premietti in circa cinque minuti; poi, si renderà conto che lo hai abbandonato in quest'area confinata. Potrebbe iniziare a piagnucolare o piangere, ma ignoralo finché non smette. Una volta che smette, puoi andare a fargli le coccole.

Passo 4 - Assenze: il giorno successivo, cerca di uscire di casa per un breve periodo, ad esempio per annaffiare le piante o controllare la posta. Con il passare dei giorni, resta fuori casa per periodi più lunghi, normalmente dopo che hai già dato al tuo cucciolo una pausa per i bisogni.

Ripeti i passaggi 1-3 durante il giorno, aumentando gradualmente il tempo in cui lasci il tuo cucciolo da solo. Puoi iniziare con un minuto e lavorare gradualmente fino a venti minuti.

Lascia il tuo cucciolo nella sua area di confinamento per la notte; quando lo senti abbaiare durante la notte, alzati e portalo in bagno.

Pulisci l'area immediatamente dopo qualsiasi incidente per evitare altri incidenti.

Educazione al trasportino

L'educazione al trasportino insegna al tuo cucciolo che il trasportino è la sua tana sicura e che non dovrebbe essere usata per fare i bisogni.

Fondamentalmente, l'educazione al trasportino implica confinare il tuo cucciolo al trasportino quando non sta giocando, mangiando o bevendo. Poiché è un'area molto limitata, il tuo Maltipoo capirà rapidamente che non sarà in grado di fare i bisogni lì dentro e che è solo per dormire.

Una volta che hai scelto il trasportino ideale per il tuo Maltipoo, devi trovare la posizione ideale per il trasportino. Puoi avere più di una posizione; per esempio, puoi mettere il trasportino nella tua camera da letto di notte e spostarlo in un'altra area durante il giorno.

Una parola di cautela: non posizionare il trasportino sotto la luce diretta del sole, poiché questo può causare il surriscaldamento del tuo Maltipoo, portando a colpi di calore e altre complicazioni.

Quando presenti il trasportino al tuo Maltipoo, lascia che vi entri e lo esplori da solo. Non forzare il tuo cucciolo a entrare nel trasportino, poiché questo lo spaventerà e basta.

All'inizio, potresti dover convincere il tuo cucciolo a entrare nel trasportino dandogli premietti e giocattoli. Accarezzalo mentre è nel trasportino e digli che è un bravo cane.

Prova a dare da mangiare al tuo cucciolo mentre è dentro il trasportino; una volta che sembra a suo agio lì dentro, inizia a chiudere la porta per brevi periodi mentre sei presente.

Se inizia a piagnucolare o abbaiare per essere lasciato uscire, non lasciarlo uscire e non parlargli. Questo è il momento in cui entra in gioco l'amore duro: se lasci uscire il tuo cucciolo mentre sta piangendo, gli stai insegnando che piagnucolare è il codice per essere rilasciato dal trasportino.

Educazione alla tana

L'educazione alla tana insegna al tuo cucciolo che tutta la tua casa è la sua tana o area per dormire.

I cuccioli imparano dalla nascita che devono mantenere pulita la loro area per mangiare e dormire, perché la loro madre pulisce costantemente dopo di loro. I cani, come la maggior parte degli animali, sono piuttosto intelligenti. Sanno che fare la cacca e la pipì nella loro area per dormire non è la cosa più indicata. I cani, per istinto di base, sono naturalmente animali puliti.

Cos'è una tana per cuccioli?

Una tana per cuccioli è normalmente un'area piccola e chiusa che limiterà la quantità di incidenti che il tuo cucciolo ha, prevenendo la diffusione di enzimi che dirigono il tuo cucciolo a fare i bisogni ripetutamente nello stesso posto.

Una tipica tana per cuccioli in casa tua sarà un piccolo recinto per cuccioli con un'area chiusa che può espandersi a poco a poco. È preferibile scegliere un'area su un pavimento duro invece che su un tappeto, per una pulizia più facile. La tana potrebbe essere nel tuo bagno o in cucina (che è stata temporaneamente chiusa per impedire al cucciolo di scappare e trovare nuovi posti per i bisogni in casa tua).

La tana per cuccioli è solo uno spazio di confinamento temporaneo che si espande gradualmente, insegnando al tuo cucciolo che il nuovo spazio fa parte dei suoi quartieri per dormire, quindi deve essere mantenuto pulito. Alla fine, capirà che la tua casa è la tana e che è inaccettabile fare i bisogni all'interno.

La tana per cuccioli dovrebbe sempre avere una ciotola di acqua fresca per il tuo cucciolo di Maltipoo, un'area per dormire e una ciotola per il cibo che userà tre o quattro volte al giorno, fino a quando avrà circa un anno. Inoltre, dovrebbe avere alcuni giocattoli all'interno della tana con cui giocare per evitare di annoiarsi.

Quando metti il tuo cucciolo nel recinto per cuccioli, inizia lasciandolo lì per un breve periodo. Se inizia a piangere o piagnucolare quando te ne vai, non tornare rapidamente per rassicurarlo che tutto va bene. Questo gli insegnerà solo che piagnucolare e piangere è accettabile e che tu correrai da lui ogni volta.

Molte persone combinano una tana per cuccioli con l'educazione al trasportino, usando il trasportino come area per dormire per il loro cucciolo. La porta dovrebbe essere bloccata in posizione aperta, in modo che non possa chiudersi accidentalmente e bloccare il tuo cucciolo all'interno. Posizionarlo nell'angolo della tana insegna al cucciolo che il trasportino è suo amico, così potrà essere usato in futuro per viaggiare, ecc., senza causare al tuo Maltipoo ulteriore stress.

Il tuo cucciolo capirà dal primo giorno che questo è il suo posto sicuro e non vorrà sporcare la sua area speciale.

È crudele confinare il tuo cucciolo in una piccola area?

Alcuni potrebbero pensare che è crudele confinare il tuo cucciolo in una piccola area come un trasportino o una tana per cuccioli, ma considera il quadro completo: lasceresti un bambino piccolo a vagare liberamente per casa senza supervisione? Certo che no; ci sono troppe possibilità che si faccia male o si metta nei guai.

Lo stesso vale per il tuo piccolo cucciolo di Maltipoo. La tua casa, anche se è stata resa a prova di cucciolo, ha ancora una fornitura infinita di posti che il tuo cucciolo potrebbe usare per i bisogni o dove potrebbe farsi del male.

I primi sette giorni di confinamento del tuo cucciolo nella tana per cuccioli sono essenziali per educare con successo il tuo Maltipoo ai bisogni e stabilire buone abitudini. Perché è vantaggioso usare una tana per cuccioli?

- Questo confinamento è temporaneo e ha lo scopo di insegnare al tuo cucciolo a non fare i bisogni dentro casa. Il confinamento si espanderà un po' ogni giorno, fino a quando potrai fidarti di lasciarlo girare per tutta la casa.

- Se permettessi al tuo cucciolo di vagare liberamente per casa tua dal primo giorno, farebbe pipì ovunque, lasciando il suo odore in tutta la casa. Potrebbe sembrare innocente all'inizio, ma man mano che il tuo cucciolo cresce, la sua urina diventa puzzolente e la sua cacca diventa più grande. Inoltre, imparerà cattive abitudini che saranno estremamente difficili da abbandonare in seguito.

- Se prevedi di lasciare il tuo cucciolo da solo quando è più grande, ma non ti prendi il tempo di educarlo correttamente ai bisogni quando è cucciolo, molto probabilmente finirai con il rinchiuderlo per ore in uno spazio confinato più piccolo, come il bagno, poiché non sarai in grado di controllare cosa fa in casa quando lo lasci solo. Non confinare il tuo Maltipoo quando è piccolo porta al confinamento quando è più grande.

- Purtroppo, ogni anno molti cuccioli e cani carini vengono soppressi perché non sono stati correttamente educati ai bisogni durante le prime settimane nella loro nuova casa.

Non è crudele usare una tana per cuccioli o un trasportino per educare il tuo cucciolo di Maltipoo ai bisogni, perché è solo una soluzione temporanea che porterà benefici a lungo termine per il tuo Maltipoo e per te.

È altamente raccomandato preparare il trasportino o la tana per cuccioli prima di portare a casa il tuo nuovo cucciolo di Maltipoo. Ciò insegnerà istantaneamente al tuo cucciolo che quella è la sua area speciale per dormire e il suo istinto di base sarà di mantenerla pulita.

Ricorda che piccoli incidenti portano a incidenti più grandi. La chiave per l'educazione ai bisogni è prevenire i piccoli incidenti dal primo giorno.

Pro e contro dell'educazione al trasportino e alla tana
Pro dell'educazione al trasportino
1. Ti darà tranquillità quando dovrai lasciare il tuo cucciolo di Maltipoo da solo per periodi più lunghi, poiché sai che il tuo cucciolo non userà il tuo tappeto orientale come bagno.
2. L'educazione al trasportino è considerata uno dei metodi più efficaci di educazione ai bisogni perché il cucciolo è costretto a imparare a controllare rapidamente le sue funzioni corporee, dato che per istinto di base non vorrà sporcare la sua area per dormire.
3. L'educazione al trasportino può aiutare enormemente quando si educa ai bisogni un cane più anziano, come vedremo alla fine di questo capitolo.
4. Se viaggerai frequentemente in aereo o in auto e il tuo cucciolo dovrà viaggiare in un trasportino, sarà meno stressante poiché sarà già abituato al suo trasportino.

Contro dell'educazione al trasportino
1. Il tuo cucciolo di Maltipoo imparerà che il trasportino è la sua area per dormire, quindi non farà pipì lì dentro, ma se lasciato libero in casa tua senza supervisione, potrebbe non capire i suoi confini ed è probabile che abbia un incidente dentro casa.
2. I cani piccoli come i Maltipoo, quando sono educati al trasportino, spesso sono più aggressivi con i bambini e gli ospiti sconosciuti.
3. Alcune persone considerano l'educazione al trasportino una forma di crudeltà, poiché l'animale è rinchiuso in uno spazio piccolo da cui non può scappare. Secondo questa tesi, come non rinchiuderesti un bambino piccolo in una gabbia lasciandolo solo per un paio d'ore, non dovresti farlo nemmeno a un cane.

Foto di
Mary Papadopoulos

4. L'educazione al trasportino non è adatta a tutti i cani, specialmente ai cani che hanno trascorso molto tempo in un trasportino o in una gabbia (come in un rifugio o con precedenti proprietari), poiché potrebbe renderli molto agitati e turbati.

5. Alcuni Maltipoo soffrono di ansia da separazione e possono diventare più turbati in un trasportino di quanto lo sarebbero in uno spazio più ampio.

6. L'educazione al trasportino non è naturale. Alcuni sostengono che, poiché i cani discendono dai lupi e vivevano in tane, quest'ultimo metodo è più conforme alla loro natura. Tuttavia, i lupi potevano lasciare la tana di loro spontanea volontà. Un trasportino è un confinamento artificiale che molte persone usano per la propria comodità: se decidi di usare un trasportino, limita il tempo che il tuo Maltipoo trascorre al suo interno con la porta chiusa.

Pro dell'educazione alla tana

1. I cani piccoli che sono educati alla tana sono più amichevoli con i bambini e gli estranei rispetto ai cuccioli che sono stati educati al trasportino.

2. I Maltipoo che sono educati alla tana hanno meno probabilità di soffrire di ansia da separazione, poiché non si sentono rinchiusi in uno spazio confinato stretto.

3. L'educazione alla tana insegna gradualmente al tuo Maltipoo che tutta la tua casa è la sua tana; quindi, una volta educato ai bisogni, non li farà in giro per casa tua quando lasciato solo o senza supervisione. Per istinto di base, manterrà la tana libera dagli odori di toilette.

4. L'educazione alla tana è un modo molto umano di educare il tuo cucciolo ai bisogni, poiché gli lascia libertà di movimento e non è rinchiuso in una piccola gabbia.

5. L'educazione alla tana è considerata uno dei modi più efficaci per educare ai bisogni i cani più piccoli che vivranno all'interno con i loro proprietari, poiché insegna al cucciolo che non è permesso fare i bisogni dentro casa già dal primo giorno.

Contro dell'educazione alla tana

1. Quando lasciato senza supervisione, il tuo Maltipoo potrebbe spingere la barriera che delinea la sua tana e scappare.

2. Poiché l'area di confinamento è più grande di un trasportino, potrebbero avvenire uno o due incidenti all'interno dell'area: questi dovranno essere rapidamente puliti per evitare incidenti futuri.

Consigli per la pulizia

Gli incidenti sono destinati a succedere. Non è la fine del mondo, quindi non preoccuparti. La chiave per prevenire futuri incidenti è capire l'importanza di pulire correttamente dopo che il tuo cucciolo ha fatto un pasticcio.

Istinto di base

Dal giorno in cui è nato, il tuo Maltipoo è stato addestrato a mantenere se stesso e la sua area puliti. I cuccioli di Maltipoo appena nati fanno tre cose di base nella loro piccola tana o spazio: mangiare, dormire e fare i bisogni. In quest'ultimo caso, gli istinti della madre si attivano e la portano a riordinare costantemente la sua piccola tana e i suoi cuccioli, in modo che il loro spazio non odori di urina o feci. I cuccioli crescono sapendo che i loro quartieri devono essere liberi da rifiuti corporei. Man mano che crescono, iniziano ad allontanarsi dall'area dove dormono per fare i bisogni. Il tuo obiettivo è far sì che il tuo cucciolo veda tutta la tua casa come parte della sua tana o area di vita.

Quando porti a casa il tuo piccolo Maltipoo per la prima volta, ancora non sa dove finisce la sua camera da letto e inizia l'area del bagno. I suoi istinti di base gli dicono che non dovrebbe fare un pasticcio dove dorme, ma come può la pulizia contribuire all'educazione ai bisogni?

Enzimi

Hai notato come i cani annusano un punto dove un altro cane ha fatto i bisogni, per poi procedere a fare i loro bisogni nello stesso punto?

Tutti i cani lasciano enzimi nell'urina e nelle feci; questi enzimi rimangono anche dopo aver pulito il pasticcio. Se non pulisci correttamente, il cucciolo può ancora sentire i suoi enzimi, che gli comunicano che va bene fare i bisogni in quel punto. Ecco perché così tanti nuovi proprietari di cuccioli continuano a trovare incidenti ripetuti nello stesso punto: il pasticcio è sparito, ma gli enzimi sono ancora lì.

Come possiamo eliminare questi enzimi?

L'unico modo è usare i prodotti per la pulizia giusti. Nel tuo supermercato locale puoi trovare prodotti speciali progettati per pulire dopo il tuo cucciolo: questi libereranno la tua casa dagli enzimi che invitano il tuo cucciolo a fare i bisogni sempre nello stesso punto.

Dovresti evitare di usare prodotti per la pulizia che contengono ammoniaca. L'ammoniaca rende ancora più forte l'odore degli enzimi, che porteranno il tuo cucciolo di fare i bisogni lì di nuovo. Questo è uno dei motivi per cui alcuni cuccioli hanno sempre incidenti nella stessa area della casa.

La chiave per impedire al tuo cucciolo di avere incidenti dentro casa tua è prenderti il tempo di pulire qualsiasi suo pasticcio.

Se stai usando una lettiera per educare il tuo Maltipoo ai bisogni, non essere troppo veloce a cambiare la lettiera all'inizio: vuoi che il cucciolo riconosca dall'odore dei suoi enzimi che deve fare i suoi bisogni lì.

Se gli stai insegnando a fare i bisogni fuori, portalo sempre nello stesso posto in modo che possa sentire gli enzimi rimasti nell'area dall'ultima volta. Dopo una settimana o giù di lì, inizierà ad andarci automaticamente da solo.

Se hai un altro cane, assicurati che ciascuno abbia la propria lettiera o posto all'esterno per fare i bisogni; altrimenti, invece di fare i bisogni quando è il momento, diventeranno affascinati dall'odore lasciato dall'altro cane e dimenticheranno rapidamente cosa devono fare.

Come pulire correttamente dopo il tuo cucciolo

1. Raccogli la materia fecale o asciuga l'urina con un tovagliolo di carta. Metti il tovagliolo di carta in un sacchetto della spazzatura.

2. Spruzza un prodotto per la pulizia progettato per pulire dopo il tuo cucciolo tutto intorno all'area. Gli enzimi possono essere diffusi fino a 30 centimetri intorno al pasticcio, quindi sii generoso nella pulizia.

3. Se il tuo cucciolo ci ha accidentalmente camminato sopra, puliscigli le zampe con acqua. Non usare prodotti chimici sulle sue zampe, poiché potrebbero risultare dannosi. Usa un panno pulito e il prodotto per la pulizia su qualunque superficie potrebbe aver vagato.

4. Se possibile, usa più tovaglioli di carta o un nuovo panno per ogni punto: questo eviterà di diffondere gli enzimi in giro per la casa.

5. Sii veloce quando pulisci i pasticci, specialmente se il pasticcio è stato fatto sul tappeto, poiché il sottofondo potrebbe assorbirlo rapidamente.

Cosa fare e non fare nell'educazione ai bisogni

Quando dici ai tuoi amici e familiari che porterai a casa un nuovo cucciolo, non sorprenderti quando tutti improvvisamente diventano esperti di educazione ai bisogni. Ricorda, non tutti i consigli che ricevi sono saggi da applicare quando educhi il tuo Maltipoo ai bisogni.

Il tuo Maltipoo è solo un piccolo cucciolo e sta ancora imparando a controllare i suoi intestini. Tratteresti male un bambino piccolo perché ha fatto la cacca o la pipì nei pantaloni o a letto? No, capisci che non è stata colpa sua e che semplicemente non poteva controllarsi. Lo stesso vale per il tuo piccolo Maltipoo: non è colpa sua.

Il peggior consiglio che molte persone danno è strofinare il naso del tuo cane nel suo pasticcio. Questo gesto non gli insegnerà nulla, se non ad avere paura di te e fargli pensare che sei pazzo. I cani hanno la memoria corta; il tuo cucciolo avrà probabilmente già dimenticato di aver fatto i bisogni fuori dall'area designata e non capirà il motivo del tuo gesto.

I cani Maltipoo sono molto sensibili e non rispondono bene alle urla o alle cose che vengono lanciate contro di loro. Un atteggiamento simile causerà ansia e stress che molto probabilmente porteranno a un altro incidente, ma stavolta per paura e non per necessità.

Se il tuo Maltipoo ci sta mettendo molto tempo a trovare un posto perfetto per fare i suoi bisogni fuori, non iniziare ad agitarti e arrabbiarti con lui. Il cucciolo non capirà perché sei arrabbiato, il che potrebbe portarlo a non fare i bisogni anche se ne sente lo stimolo. Una volta tornati in casa, poiché non ha fatto i suoi bisogni fuori, li farà dentro.

Colto in flagrante

Cosa succede se il tuo cucciolo sta facendo i bisogni dentro casa?

La maggior parte degli incidenti che accadono dentro casa sono colpa del proprietario perché non ha portato il cucciolo fuori o alla lettiera in tempo per fare i bisogni e la sua piccola vescica, semplicemente, non poteva più trattenersi.

Ci sono alcuni segnali di avvertimento che possono avvisarti di portare il tuo cucciolo di Maltipoo al suo posto designato. Se imparerai a identificare questi segnali, sarai in grado di prevenire gli incidenti. Ecco una lista di segnali di avvertimento comuni:

1. Tutti i cani e i cuccioli amano annusare e girare intorno all'area scelta per fare i bisogni, prima di passare all'azione. Quindi, se vedi il tuo cucciolo di Maltipoo annusare intensamente una certa area e iniziare a girare in cerchio, è ora di prendere il tuo cucciolo e portarlo al suo posto designato.

2. Se il tuo cucciolo inizia ad accovacciarsi, è un segno sicuro che sta per fare i bisogni. Prendilo rapidamente ma delicatamente e tienilo in modo che la sua pancia sia contro la tua: questo dovrebbe impedirgli di fare pipì e permetterti di portarlo al suo posto designato. Se ha già fatto pipì dentro casa, è stata colpa tua per non aver prestato attenzione.

3. Se il tuo cucciolo inizia ad abbaiare o piagnucolare mentre guarda in direzione del suo posto designato, probabilmente sta cercando di comunicare con te e dirti che deve fare i bisogni ora. Presta attenzione alla comunicazione verbale del tuo Maltipoo.

Non arrabbiarti o urlare; i Maltipoo sono estremamente sensibili e questo li farà stressare fisicamente. Soprattutto, ricorda che se il tuo Maltipoo ha avuto un incidente dentro casa, è colpa tua, non del tuo cucciolo. Non arrabbiarti con il tuo Maltipoo per l'incidente.

Se il tuo Maltipoo sta facendo pipì, prendilo rapidamente ma con calma e dì un fermo "no". Portalo fuori al suo posto o alla sua lettiera, tenendogli la coda tra le sue zampe per impedirgli di urinare. Lascia che finisca il bisogno fuori o nella lettiera, poi lodalo per essere un bravo cane. Pulisci rapidamente qualsiasi pasticcio che è stato fatto dentro.

È più facile fermare il tuo Maltipoo dal fare pipì che dal fare la cacca. Se noti che sta per fare pipì dentro casa, cerca di distrarlo in modo che smetta. L'obiettivo è sorprendere il tuo cucciolo senza spaventarlo. Un modo è avere a portata di mano un giocattolo rumoroso che puoi premere proprio mentre inizia a fare pipì. Questo lo sorprenderà e la sua naturale curiosità canina probabilmente lo farà smettere di fare pipì per controllare il rumore, dandoti il tempo di prendere il tuo cucciolo di Maltipoo e portarlo al suo posto designato.

Se cogli il tuo cucciolo nell'atto di fare la cacca, la cosa migliore da fare è lasciarlo finire. Se cerchi di prenderlo durante l'atto, tutto ciò che otterrai è fare un grande pasticcio ovunque. Lascialo finire, poi portalo fuori e pulisci il pasticcio. Quando pulisci il pasticcio, non fare una grande scena: il tuo Maltipoo probabilmente si sente già in colpa per quello che ha fatto. Ricorda, è solo un cucciolo.

Gli incidenti capitano

La regola d'oro con l'educazione ai bisogni del tuo Maltipoo è: se non hai colto il tuo cucciolo in flagrante, non punirlo. Non parlargli nemmeno dell'accaduto. Pulisci e basta.

Quando il tuo cucciolo fa con successo i suoi bisogni nel posto designato, prenditi il tempo per premiarlo. Non è necessario premiare sempre con un biscotto o uno spuntino; i premi migliori sono il tuo tempo e le tue lodi. Prenditi il tempo per giocare con il tuo cucciolo e dirgli quanto sei orgoglioso di lui per essere un così bravo cane.

Vuoi che il tuo cucciolo associ l'essere premiato con un buon comportamento, come fare i bisogni nel suo posto designato. Ecco una lista di casi in cui non dovresti premiare il tuo cucciolo di Maltipoo con pre-mietti o lodi verbali:

- Era a casa da solo e ha avuto un incidente nella sua tana per cuccioli o nel trasportino.
- È stato colto in flagrante, ma l'hai preso in tempo e l'hai portato alla sua area designata.
- È scappato dal suo trasportino o dalla tana per cuccioli e ha fatto i suoi bisogni in casa.

Il tuo Maltipoo è molto intelligente e inizierà a capire che i premi arrivano solo quando fa i bisogni in un certo posto. Lentamente ma sicuramente, inizierà a collegare i puntini e capirà che è vantaggioso fare i bisogni nel suo posto designato e non sul tuo tappeto.

Non lasciare mai che il tuo cucciolo vaghi per casa senza supervisione o senza che tu sia a casa fino a quando non è completamente educato ai bisogni. Ci sono troppe aree che possono diventare il posto perfetto per fare i bisogni: dietro il divano, sotto il tuo letto, ecc. Lascia che il tuo Maltipoo vaghi per casa solo sotto il tuo occhio vigile.

Pianifica di stare a casa il più possibile durante la prima settimana di educazione ai bisogni. Più tempo il tuo cucciolo di Maltipoo è solo, maggiore è la possibilità che abbia un incidente e diffonda i suoi enzimi in giro per la casa. Questo renderà l'educazione ai bisogni ancora più difficile, poiché l'odore dell'enzima fondamentalmente invia un messaggio al suo cervello dicendo: "Fai pipì qui."

Non dare mai premi per un cattivo comportamento; questo confonderà il tuo cucciolo di Maltipoo e incoraggerà un cattivo comportamento.

Pipì spontanea

I cuccioli e i cani Maltipoo hanno la tendenza a perdere il controllo della loro vescica quando si eccitano troppo. Potrebbe succedere mentre giocano, ti salutano o incontrano qualcuno di nuovo. Non punirli per aver fatto pipì spontaneamente; non possono controllarsi e molto probabilmente non si rendono nemmeno conto dell'accaduto. Man mano che crescono, la pipì spontanea cesserà.

Educare il tuo Maltipoo a usare una lettiera

Le lettiere sembrano andare di pari passo con i gatti; anche la sabbia per la cassetta è comunemente chiamata "lettiera per gatti"; tuttavia, nei negozi per animali è possibile acquistare anche lettiere appositamente progettate per cani.

Perché dovresti considerare di educare il tuo Maltipoo a usare una lettiera?

1. Molti proprietari di Maltipoo vivono in condomini o appartamenti che hanno poco o nessun accesso a un'area verde dove far fare i bisogni al loro cucciolo. È più pratico avere una lettiera in casa per un accesso rapido e facile che rende l'educazione ai bisogni un gioco da ragazzi.

2. I cuccioli di Maltipoo hanno vesciche piccole. Avere una lettiera in casa dà loro la libertà di andare quando vogliono. La maggior parte dei proprietari di Maltipoo che hanno educato il loro cucciolo alla lettiera afferma che il loro cucciolo non ha mai avuto un incidente in casa.

3. Se adeguatamente educato, il tuo Maltipoo starà bene ovunque tu viaggi, purché ci sia una lettiera. Non ti sveglierai con una sorpresa indesiderata sul tappeto del tuo ospite.

4. Il tuo Maltipoo può usare la lettiera quando è solo in casa. Farà comunque i bisogni quando lo porti a passeggiare fuori, quindi assicurati di portare con te la paletta per la cacca.

Come puoi educare il tuo cucciolo a usare la lettiera?

1. Posiziona dei giornali nell'area di confinamento, se possibile con un piccolo vassoio di plastica sotto per prevenire perdite.

2. Metti il tuo cucciolo sul posto e dì "Fai i bisogni." Molto probabilmente non lo farà, ma ripeti il processo di dire "Fai i bisogni" per insegnargli che questo posto è qualcosa di positivo.

3. Potresti dover immergere un foglio di giornale nella sua urina fatta all'esterno: l'odore lo attirerà, inviando al suo cervello il messaggio che deve fare i bisogni lì.

4. Osserva il tuo cucciolo come un falco; quando vedi che sta per fare i bisogni, prendilo rapidamente e mettilo sul giornale. Digli nuovamente "Fai i bisogni." Una volta che è andato sul giornale, molto probabilmente ci andrà di nuovo. Lodalo generosamente ogni volta che fa i bisogni sul giornale.

5. Una volta che è andato tre o quattro volte sul giornale, metti un po' di sabbia da lettiera per cani sopra la carta. Continuerà a usare quest'area per il suo bagno perché i suoi enzimi o il suo odore gli dicono di tornare a questo posto designato. Molto probabilmente, all'inizio sarà diffidente della lettiera.

6. Una volta che è abituato alla sabbia da lettiera e a fare i bisogni sul giornale con la sabbia, puoi tirare fuori la lettiera che stai pianificando di usare. Metti il giornale sporco sul fondo della cassetta e la sab-

bia da lettiera sopra. L'odore e il materiale faranno sapere al tuo Maltipoo che è accettabile fare i bisogni qui.

7. Una volta abituato alla nuova cassetta, puoi spostarla di circa 30 centimetri ogni giorno verso l'area dove rimarrà permanentemente in futuro. Assicurati che la cassetta abbia giornali intorno, poiché potrebbero verificarsi incidenti durante il percorso verso di essa. Sii veloce nel pulire dopo eventuali incidenti di percorso. Ogni volta che sposti la cassetta più vicino al posto designato, premia il tuo cucciolo quando la usa.

8. Una volta che hai raggiunto l'area permanente per la cassetta, il tuo Maltipoo sarà educato ai bisogni e capirà che l'unica area designata per fare i bisogni in casa è nella sua lettiera.

<u>Suggerimenti:</u>

- La sabbia da lettiera per cani è preferibile alla lettiera per gatti, poiché i cuccioli cercheranno di mangiare quella per gatti. La sabbia da lettiera per cani assomiglia più a riempitivo per conigli o pellet e si trasformerà in segatura quando bagnata. La sabbia da lettiera per cani è anche biodegradabile.

- Una volta che decidi su una certa marca di sabbia da lettiera, continua a usare quella marca per evitare di confondere il tuo cucciolo. Se decidi di passare alla sabbia da lettiera per gatti quando il tuo Maltipoo è più grande, inizia mescolando la nuova per gatti in quella per cani che stai già usando.

- La lettiera non è destinata a sostituire il fare i bisogni all'esterno; deve essere usata come alternativa quando non puoi portare il tuo Maltipoo fuori. Dovresti comunque dedicare del tempo a portare il tuo Maltipoo fuori per giocare e camminare ogni giorno.

- È più facile educare il tuo Maltipoo alla lettiera quando è ancora molto giovane. È possibile con cani più anziani, ma sarà più impegnativo.

- Prova a posizionare la lettiera vicino alla porta esterna, in modo che il tuo Maltipoo associ quell'area con il fare i bisogni.

- Le aree piastrellate sono più facili da pulire, ma se sono disponibili solo aree con tappeti, metti plastica o giornali sotto la lettiera.

Prima di portare a casa il tuo cucciolo di Maltipoo, acquista una lettiera progettata per cani piccoli presso il tuo rivenditore di prodotti per animali locale. A seconda delle dimensioni del tuo Maltipoo quando sarà completamente cresciuto, una cassetta per gatti potrebbe essere sufficiente. Se hai un Maltipoo maschio, può essere saggio cercare una lettiera che abbia un lato più alto in caso di sollevamento della zampa quando fa pipì. Assicurati che l'ingresso alla lettiera sia più basso a terra per permettere un facile accesso al tuo minuscolo cucciolo di Maltipoo.

Proprio come quando educhi il tuo Maltipoo ai bisogni all'esterno, dovresti portare il tuo cucciolo alla lettiera non appena si sveglia e prima di andare a letto, dopo aver mangiato o aver bevuto molta acqua, e periodicamente durante il giorno.

Osserva attentamente qualsiasi segno che indichi che ha bisogno di fare i bisogni, come girare in cerchio, accovacciarsi o annusare intensamente una certa area. Quando vedi questo tipo di attività, prendi rapidamente ma con attenzione il tuo Maltipoo, portalo alla sua cassetta e dì il tuo comando per fare i bisogni.

Ogni volta che fa i bisogni nella cassetta, lodalo con entusiasmo per essere andato nel posto giusto. Il tuo Maltipoo sarà molto desideroso di farti piacere.

I cani non hanno quegli istinti comportamentali che portano i gatti a usare una lettiera. Ai gatti viene naturale usare una lettiera per seppellire i loro rifiuti. Educare il tuo cucciolo alla lettiera richiederà molta pazienza ed energia, ma è possibile. L'impegno che dedichi oggi all'educazione del tuo Maltipoo alla lettiera ti ripagherà con maggiore comodità e tranquillità in futuro.

Come con tutti i tipi di educazione ai bisogni, gli incidenti accadranno, quindi sii preparato a pulire e abbi molta pazienza con il tuo cucciolo di Maltipoo.

Educare ai bisogni un cane più anziano

Molti cani provenienti da canili o centri di recupero non sono correttamente educati ai bisogni, alcuni per niente. Altri cani Maltipoo che sono stati al rifugio per molto tempo potrebbero essere stati educati ai bisogni in precedenza, ma avranno bisogno di un corso di aggiornamento poiché non hanno ricevuto passeggiate regolari al rifugio.

La buona notizia è che puoi insegnare nuovi trucchi a un cane vecchio, e l'educazione ai bisogni è tra questi.

La chiave per educare con successo ai bisogni un Maltipoo più anziano è iniziare dal minuto in cui porti il tuo cane a casa. Il suggerimento prevalente è di educare un cane più anziano al trasportino per la prima settimana, poi passare gradualmente all'educazione alla tana, usando il trasportino nella tana senza chiudere la porta.

Passo uno:
Prenditi una settimana di ferie dal lavoro per addestrare correttamente il tuo Maltipoo adulto appena arrivato a casa tua. Qualcuno do-

vrà portare il tuo cane adulto a fare passeggiate o al posto designato: la persona migliore per farlo sei tu, così il tuo cane inizierà a creare un legame con te.

Passo due:

Inizia a usare il trasportino dal primo giorno. L'educazione al trasportino è una buona soluzione per educare ai bisogni il tuo cane adulto perché non gli piacerà sporcare le sue aree per dormire e mangiare.

Assicurati che il trasportino sia grande abbastanza perché il tuo Maltipoo possa stare in piedi e girarsi. Se fosse troppo grande, il tuo cane potrebbe decidere che è abbastanza spazioso per fare i bisogni in un angolo.

Tieni il trasportino in una parte della casa con molto traffico in modo che il tuo nuovo Maltipoo non si senta isolato e solo.

Assicurati che il trasportino sia usato solo quando necessario; dai al tuo nuovo cane molto tempo per giocare, fare esercizio e addestramento all'obbedienza fuori dal trasportino.

Se pensi che usare un trasportino non sia umano, ricorda che non dovrai farlo per molto tempo: tre o quattro giorni saranno probabilmente il massimo che ci vorrà prima che il tuo cane adulto sia educato ai bisogni.

Passo tre:

Dai al tuo Maltipoo adulto almeno sei o otto pause per i bisogni al giorno.

Quante volte vai in bagno al giorno? Parecchie, poiché sai che trattenerti per lunghi periodi può causare infezioni alla vescica o altre complicazioni. Lo stesso vale per il tuo Maltipoo: ha bisogno di fare i bisogni almeno sei volte al giorno.

Avrà bisogno di fare i bisogni quando ti svegli e prima di andare a letto, così come dopo i pasti, aver bevuto acqua e aver giocato. Una volta che è educato ai bisogni, potrebbe aver bisogno di recarsi al suo punto designato solo quattro o cinque volte al giorno.

Passo quattro:

Loda generosamente e premia il tuo cane quando fa i bisogni nell'area designata.

Lodi e premi inviano un messaggio al cervello del tuo cane, dicendogli che questo comportamento è vantaggioso. Ripeterà il comportamento per essere premiato di nuovo e dopo un po' diventerà una routine.

Assicurati che le lodi e i premi arrivino subito dopo aver fatto i bisogni. Vuoi che il tuo cane capisca chiaramente che fare i bisogni nel posto designato è la cosa migliore al mondo per te. Non aspettare a dare il premio più tardi, poiché non sarà in grado di associare il premio con il fare i bisogni.

Dopo che il tuo cane fa i bisogni, dagli un po' di tempo per giocare come premio. Se lo porti fuori solo per il bagno, imparerà rapidamente a indugiare quando è fuori prima di fare i bisogni solo per prolungare il tempo fuori con te.

Passo cinque:

Non punire mai il tuo cane per un incidente che non gli hai effettivamente visto fare. Se cogli il tuo cane in flagrante, sorprendilo a metà flusso con un battito di mani, poi portalo rapidamente al suo posto designato in modo che possa finire il lavoro.

Pulisci accuratamente in modo che non sia tentato di tornare nello stesso posto dagli enzimi nell'urina o nella cacca.

Lascia gli asciugamani sporchi vicino al suo posto designato; l'odore incoraggerà il tuo cane a fare i bisogni in quel punto.

Quando pulisci, stai lontano dai detergenti a base di ammoniaca, poiché per il tuo cane odorano di urina e vorrà fare pipì di nuovo nello stesso posto.

L'educazione al trasportino è un modo molto efficace per educare ai bisogni un cane più anziano e può essere temporanea. Ricorda di premiare generosamente il tuo cane ogni volta che fa i bisogni nel suo posto designato. Punire il tuo cane per gli incidenti può rendere l'educazione ai bisogni più tediosa e più lunga.

Riassunto

Educare il tuo Maltipoo ai bisogni richiederà pazienza e molto amore, ma è molto facile da fare se seguirai i suggerimenti in questo capitolo. Normalmente, l'educazione ai bisogni richiederà meno di una settimana, ma ci saranno ancora incidenti occasionali mentre il tuo cucciolo impara a controllare le sue funzioni corporee.

Come dice il vecchio detto, "non piangere sul latte versato". Non fare una grande questione su qualcosa che è già successo, ciò che è fatto è fatto.

Lo stesso vale per gli incidenti del tuo Maltipoo: è successo, quindi affrontalo. Molto probabilmente, se si è verificato un incidente, è stata colpa tua perché non eri attento ai segnali del tuo cane. L'unica cosa che puoi fare è pulire accuratamente il pasticcio e andare avanti con la tua vita.

L'educazione ai bisogni è una piccola prova che richiederà circa una settimana del tuo tempo. Devi avere l'atteggiamento giusto, essere paziente, calmo e persistente mentre educhi il tuo cucciolo di Maltipoo ai bisogni.

L'educazione ai bisogni implica imparare a far ruotare il programma del tuo cucciolo intorno al tuo programma. È molto facile da fare perché i cuccioli vanno in bagno a intervalli prevedibili; quando si svegliano, prima di andare a letto e dopo aver mangiato.

Devi scegliere un posto designato dove vuoi che faccia i bisogni. Dovresti scegliere un posto che puoi raggiungere rapidamente e che non sia stato usato da un altro cane.

L'educazione ai bisogni richiederà solo pochi giorni di questo stile di vita impegnativo, ma il risultato sarà un cane ben educato che potrai lasciare vagare per casa tua senza preoccupazioni. Prenditi il tempo di applicare i suggerimenti trovati in questo capitolo quando educhi ai bisogni e avrai il cane meglio educato del quartiere.

CAPITOLO CINQUE
Addestramento all'obbedienza

Grazie alla loro intelligenza, buon temperamento e desiderio di compiacere i proprietari, i Maltipoo sono tra i cani più facili da addestrare. Eppure, la maggior parte dei cuccioli di Maltipoo sono dei piccoli viziati terribili. Perché succede?

Come addestrare il tuo Maltipoo

Il problema non è nel buon carattere del Maltipoo, ma nei suoi proprietari che non hanno dedicato il tempo necessario per addestrarlo correttamente. Come con i bambini, se i genitori non si prendono il tempo di correggere i comportamenti negativi, questi si trasformeranno presto in abitudini e infine diventeranno parte della loro personalità. Questi tratti caratteriali si radicano profondamente e diventano quasi impossibili da correggere più avanti nella vita. Lo stesso accade con il tuo cucciolo di Maltipoo: attraverso l'addestramento all'obbedienza, puoi plasmarlo in modo positivo o negativo; tutto dipende da quanto impegno sei disposto a investire nell'addestramento.

I piccoli viziati terribili sono un riflesso dei loro genitori. Normalmente, quando vediamo un bambino disobbediente che fa i capricci, pensiamo subito che la colpa sia della madre. La stessa regola vale per il tuo Maltipoo, il suo comportamento dipende da un solo fattore: TU!

Uno dei motivi per cui i proprietari di Maltipoo non addestrano correttamente i loro cuccioli è dovuto alle loro dimensioni: sembrano così innocenti e carini, che ai loro proprietari si spezza il cuore all'idea di doverli disciplinare. Tuttavia, quell'adorabile cucciolo può trasformarsi in un irritante viziato terribile in pochissimo tempo.

Inoltre, a causa delle loro dimensioni, i proprietari spesso non sentono la necessità di addestrarli perché non rappresentano una minaccia rispetto a un cane più grande. Ma ricorda, indipendentemente dalle dimensioni del tuo cane - minuscolo, piccolo o grande - tutti i cani possono dare un morso pericoloso per gli esseri umani che potrebbe richiedere punti di sutura. Qualsiasi cane, indipendentemente dalle sue dimensioni, può scappare da te correndo nel traffico o in mezzo alla folla.

Come per la maggior parte delle cose nella vita, i risultati rifletteranno quanto tempo sei stato disposto a investire. Questo è particolarmen-

Foto di
Karin Dixon

te vero per l'addestramento del tuo cane. Devi renderti conto che dal primissimo giorno in cui porterai a casa il tuo Maltipoo, passerai i mesi successivi ad addestrarlo.

L'addestramento del tuo cane includerà l'educazione ai bisogni, l'addestramento all'obbedienza, l'addestramento al guinzaglio, come interagire con altre persone e cani, e molto altro ancora. Addestrare il tuo cane ti permetterà di creare un legame con il tuo Maltipoo e sviluppare una relazione affettuosa con lui.

Dedicando il tempo necessario ad addestrare correttamente il tuo Maltipoo, garantisci la sua sicurezza e quella di chi lo circonda.

Quattro comandi base da insegnare al tuo Maltipoo

Questi sono alcuni comandi base che dovrai insegnare al tuo Maltipoo. Insegnare questi comandi al tuo cucciolo ti aiuterà a prevenire problemi comportamentali in futuro. Puoi insegnare tu stesso tutti questi comandi; la chiave è avere l'atteggiamento giusto per rendere questo momento divertente e di legame per entrambi.

Seduto

Questo è uno dei comandi più facili e importanti da insegnare al tuo Maltipoo.
1. Mostra al tuo Maltipoo un premio e tienilo vicino al suo naso.
2. Lentamente, sposta la mano sopra la sua testa. Seguirà il premio con la testa e si siederà.
3. Una volta seduto, pronuncia la parola chiave "seduto", poi dagli il premio e lodalo generosamente.
4. Ripeti i passaggi da 1 a 3 alcune volte durante il giorno, finché il tuo Maltipoo l'avrà padroneggiato. Poi, inizia a chiedere al tuo cane di sedersi prima di fare passeggiate, all'ora dei pasti e in qualsiasi altra situazione. Assicurati di lodarlo sempre per essersi seduto quando richiesto.

Vieni

Questo è un altro comando comune che userai frequentemente per chiamare il tuo Maltipoo, per impedirgli di allontanarsi troppo o per evitare incidenti spiacevoli.

Metti il guinzaglio e il collare al tuo cane.
5. Mettiti al suo livello e dì "vieni". Allo stesso tempo, tira delicatamente il guinzaglio per portarlo verso di te.
6. Quando viene da te, dagli un premio e lodalo generosamente.

7. Ripeti i passaggi da 1 a 3 finché non ha padroneggiato il comando. Poi inizia a esercitarti senza guinzaglio; ovviamente, esercitati sempre in un'area sicura e recintata dove il tuo Maltipoo non possa scappare.

A terra

Questo è uno dei comandi più difficili da insegnare al tuo Maltipoo, ma sarai così grato se entrambi lo padroneggerete, poiché ti risparmierà molti dispiaceri in futuro. È considerato difficile perché il cane, per istinto naturale, lo considera un atto di sottomissione. Cerca di mantenere un atteggiamento rilassato con il tuo Maltipoo mentre insegni questo comando.

1. Scegli il premio preferito del tuo cucciolo e tienilo nel pugno chiuso. Assicurati che abbia un odore forte.
2. Avvicina il pugno al naso del tuo Maltipoo in modo che possa sentire l'odore del premio. Poi, sposta la mano verso il pavimento. La sua testa seguirà la tua mano fino al pavimento.
3. Una volta che la sua testa è vicina al pavimento, fai scorrere la mano lungo il terreno davanti a lui. Questo lo incoraggerà a mettersi in una posizione semi-seduta sdraiata, con tutte e quattro le zampe sul pavimento.
4. Una volta in quella posizione, dì "a terra", dagli il premio e lodalo generosamente.
5. Ripeti i passaggi da 1 a 4 finché il tuo cane non l'ha padroneggiato. Ripeti ogni giorno. Se il tuo cucciolo cerca di saltare in avanti o di sedersi, dì "no" e allontana la mano. Non spingerlo mai nella posizione "a terra"; quello è un rinforzo negativo. Incoraggia generosamente ogni passo o movimento che il tuo cucciolo fa verso la posizione a terra, poiché nel farlo sta riprogrammando i suoi istinti naturali.

Resta

Questo è un comando eccellente da insegnare al tuo Maltipoo, ma non iniziare a insegnarlo al tuo cucciolo finché non ha padroneggiato il comando "seduto". Questo esercizio insegnerà al tuo Maltipoo l'autocontrollo. È impegnativo per i Maltipoo energici, ma ricorda che anche Roma non è stata costruita in un giorno.

1. Dì al tuo cane di sedersi con il comando "seduto".
2. Apri la mano per fare un segnale di stop con il palmo della mano e di' "resta".
3. Fai qualche passo indietro. Se il tuo cucciolo rimane nello stesso posto, premialo con un bocconcino e molte lodi.
4. Ogni volta che ripeti i passaggi da 1 a 3, aumenta gradualmente la distanza tra te e il tuo Maltipoo prima di dargli il premio.

5. Dai sempre al tuo cucciolo un premio per essere rimasto fermo, anche se solo per pochi secondi.

Ci sono molti altri comandi che puoi insegnare al tuo Maltipoo. Poiché i Maltipoo sono estremamente intelligenti, troverai che addestrarlo è un compito relativamente facile.

Dovrei portare il mio Maltipoo a corsi di obbedienza?

"Inizia l'addestramento immediatamente. A causa delle loro adorabili dimensioni e personalità, molte famiglie non forniscono un ambiente strutturato nei primi mesi critici (con esercizio, disciplina e poi affetto). È molto più facile addestrare un cucciolo giovane, che cercare di correggere le cattive abitudini di un cane adulto."

Rebecca Posten
riversidepuppies.biz

I corsi di obbedienza sono altamente raccomandati se hai adottato un cane da un rifugio o un Maltipoo più anziano, poiché saranno un po' più testardi nell'imparare nuovi compiti da eseguire. I cuccioli sono come i bambini: scoordinati e facilmente distraibili, ma con un po' di orientamento possono imparare i giusti comportamenti positivi.

Molti proprietari di cani suggeriscono di frequentare una scuola di obbedienza ogni due o tre anni per rinforzare i buoni comportamenti che potrebbero essersi arrugginiti.

Lo scopo della scuola di obbedienza è insegnarti ad addestrare il tuo cane. Sii consapevole che non ci sarà alcuna trasformazione miracolosa nel tuo cane frequentando una scuola di obbedienza; la pratica è la chiave per avere un cane ben educato e ben addestrato. Il tuo cane imparerà dalla ripetizione quotidiana in casa tua. Se non dedichi tempo a esercitarti con il tuo cane durante ogni giornata, la triste realtà è che non avrai un cane ben addestrato.

La scuola di obbedienza non farà altro che rafforzare l'addestramento positivo che il tuo Maltipoo sta già ricevendo a casa e ti insegnerà ad addestrarlo nel modo più efficace.

Ecco alcuni suggerimenti da considerare prima di portare il tuo Maltipoo ai corsi di obbedienza.
- Assicurati che le vaccinazioni del tuo Maltipoo siano aggiornate e che non abbia altri potenziali problemi di salute. Non vuoi esporre il tuo Maltipoo a malattie o mettere a rischio gli altri cani.

- In genere, i corsi di obbedienza per cani accettano cani che hanno più di sei mesi. Se vuoi iscrivere il tuo cucciolo a dei corsi prima che abbia sei mesi, puoi iscriverlo a corsi per cuccioli che gli insegneranno come socializzare con altri cani e alcuni comandi di base.

- Assicurati che gli istruttori utilizzino solo metodi umani per addestrare i cani. Evita istituzioni che puniscono i cani colpendoli, spaventandoli, urlando o usando scosse elettriche per comportamenti scorretti. Dovresti cercare un sistema che ignori i comportamenti negativi e premi quelli positivi.

Foto di
Randi Scanlon

- Chiedi dove l'addestratore è stato certificato per l'addestramento dei cani. Stai pagando per i corsi, quindi assicurati che l'insegnante non abbia imparato tutto ciò che sa online. Un addestratore qualificato dovrebbe aver conseguito una certificazione presso organizzazioni riconosciute come l'ENCI (Ente Nazionale della Cinofilia Italiana), SIUA (Società Italiana di Utilità per l'Addestramento), APNEC (Associazione Professionale Nazionale Educatori Cinofili), o altre scuole di formazione cinofila riconosciute. Dovrebbe inoltre aver completato un numero significativo di ore di formazione pratica e teorica nell'addestramento dei cani.

- Chiedi di assistere a una lezione solo per osservare prima di iscrivere il tuo cucciolo al corso di obbedienza. In questo modo, puoi osservare come l'addestratore tratta i cani e i loro proprietari. Se tratta i proprietari con rispetto e cura, probabilmente farà lo stesso con i cani.

Insegna con amore, non con paura

I giorni in cui si punivano i cani per qualcosa che non sono in grado di capire sono finiti. Molti di noi sono cresciuti con i cani e hanno osservato i genitori addestrare il cane di casa, e l'amore normalmente non era uno degli ingredienti utilizzati nell'addestramento all'obbedienza. Tuttavia, molti studi hanno dimostrato che il modo migliore per addestrare un cane è attraverso l'uso del rinforzo positivo.

Come puoi utilizzare il rinforzo positivo nell'addestrare il tuo Maltipoo?

I cani vivono nel momento, non nel passato o nel futuro; quindi, il momento migliore per lodare e premiare il buon comportamento è immediatamente. I premi possono essere lodi o bocconcini dati ogni volta che il tuo amico a quattro zampe fa qualcosa che ti piace.

- Loda e premia il tuo Maltipoo immediatamente dopo che ha eseguito il comportamento desiderato.

Le sessioni di addestramento dovrebbero essere brevi e divertenti. Il tuo Maltipoo è molto intelligente, ma è un cucciolo e ha una capacità di attenzione limitata. L'obiettivo di ogni sessione di addestramento dovrebbe essere quello di concludere la lezione su una nota positiva, lasciandolo desideroso di continuare.

- Rendi tutte le sessioni di addestramento brevi e piacevoli.

I premi sono premi; sono pensati per essere qualcosa di speciale, eccitante e occasionale. All'inizio dell'addestramento all'obbedienza, avrai bisogno di usare parecchi premi per motivare il tuo cane a imparare il nuovo comportamento; ma dopo che inizia a padroneggiare i nuovi compiti o comportamenti, i premi dovrebbero iniziare a essere eliminati gradualmente e sostituiti con più affetto e lodi. I Maltipoo sono cani da compagnia e mirano a compiacere i loro proprietari; compiacerti sarà il suo premio.

- Elimina gradualmente i premi e le ricompense man mano che il tuo Maltipoo inizia a padroneggiare nuovi compiti e sostituiscili con lodi e affetto.

Evita di rendere le sessioni di addestramento troppo complicate usando parole chiave troppo lunghe, come dire "resta qui". Di' semplicemente "resta". I cani rispondono meglio a parole di una sillaba e saranno in grado di ricordarle più facilmente. Sii specifico e semplice quando insegni al tuo cane: rendere i comandi e le istruzioni troppo complicati non farà altro che stressarlo e gli farà detestare il momento dell'addestramento.

- Non rendere le sessioni di addestramento eccessivamente complicate.

Evita di essere incoerente nell'addestrare il tuo Maltipoo. I Maltipoo hanno un fantastico orologio interno e amano avere una routine. Proprio come i bambini, hanno bisogno di coerenza. Se oggi dici no a sedersi sul divano ma domani lo permetti, questo confonderà il tuo Maltipoo e non capirà cosa ti aspetti.

È anche importante che tutti in casa siano sulla stessa lunghezza d'onda su come addestrare il tuo cane, altrimenti impazzirà cercando di capire cosa è permesso con chi e quando.

- Sii coerente nell'addestrare il tuo Maltipoo.

Non creare un cucciolo viziato. Come puoi evitarlo? Semplice, devi correggere i comportamenti negativi. Quando il tuo Maltipoo si comporta male e fa qualcosa di inappropriato, non lasciare che continui; digli "no" e reindirizza la sua attenzione verso qualcosa di più produttivo.

- Non permettere al tuo Maltipoo di farla franca con comportamenti negativi.

Una parola sulla correzione o punizione fisica

Gli studi hanno dimostrato che la correzione o punizione fisica è inaccettabile e inefficace nell'addestrare qualsiasi animale. Perché?

Immagina di cercare di fare qualcosa mentre ti urlano e gridano contro, ricevendo dolorose scosse elettriche per qualcosa che non capisci, oppure venendo colpito o preso a calci fisicamente. Saresti in grado di imparare qualcosa di nuovo sotto questo tipo di stress? Certo che no! Saresti spaventato, nervoso e molto stressato.

CAPITOLO 5 Addestramento all'obbedienza

È esattamente così che si sente il tuo Maltipoo quando viene punito; non ha idea del perché sei arrabbiato o cosa ha fatto di sbagliato. Mettiti nei panni del tuo cane; come ti piacerebbe essere trattato?

La paura inibisce l'apprendimento. La paura inibisce l'ascolto. La paura inibisce la fiducia.

Non usare mai la punizione fisica per correggere il comportamento negativo del tuo cane.

Non abbaiare!

Sia il Maltese che il Barboncino sono noti per abbaiare; è ovvio che il tuo Maltipoo avrà ereditato lo stesso amore per l'abbaiare dai suoi genitori.

L'abbaiare in molti casi è un'abitudine che compare più avanti nella vita. Il tuo Maltipoo potrebbe essere molto tranquillo da cucciolo e anche da giovane adulto, ma intorno ai due o tre anni di età potrebbe iniziare ad abbaiare. È tipicamente un comportamento che inizia più tardi nella vita del tuo Maltipoo.

Quando il tuo Maltipoo inizia ad abbaiare, è importante determinare il motivo. L'abbaiare è il mezzo di comunicazione del tuo Maltipoo: se non sei in grado di capire il motivo del suo abbaiare, non sarai in grado di impedirgli di farlo.

Perché il tuo Maltipoo potrebbe abbaiare:

- **Allarme:** forse c'è stato un rumore o qualcosa fuori posto e ha paura. Normalmente, questo sarà un abbaiare piuttosto forte poiché è allarmato. Questo può accadere in qualsiasi luogo, non solo in casa tua.
- **Noia/Solitudine:** i Maltipoo sono molto socievoli e amano la compagnia umana. Quando vengono lasciati soli o ignorati per lunghi periodi, iniziano ad annoiarsi rapidamente. L'abbaiare è uno dei modi meno distruttivi con cui sfogano la loro frustrazione per essere lasciati soli. Questo tipo di abbaiare può essere estremamente intenso e molto appassionato da parte loro, un modo garantito per causare discontento nei tuoi vicini.

- **Territorialità:** i cuccioli di Maltipoo diventano molto territoriali man mano che invecchiano, quindi quando qualcuno di nuovo si avvicina a loro, a te o alla loro casa, inizieranno ad abbaiare. Man mano che la minaccia si avvicina, l'abbaiare diventa sempre più forte. Quando il tuo cane abbaia per motivi territoriali, sarà piuttosto aggressivo e protettivo.
- **Comunicazione:** l'abbaiare è il modo del tuo Maltipoo di comunicare con te. Abbaierà per dirti che vuole uscire, mangiare, giocare o ricevere un premio. Normalmente, avrai bisogno di discernimento con questo tipo di abbaiare, poiché ti guarderà, poi guarderà l'oggetto di ciò che vuole fare, come guardare la porta per uscire.

Come puoi insegnare al tuo Maltipoo a non abbaiare?

Tutti i cani abbaiano, ma a tutti può essere insegnato a essere più silenziosi. Come puoi insegnare al tuo angelico cucciolo di Maltipoo a non abbaiare?

Se il tuo cane abbaia perché viene lasciato solo spesso, è solo e sta piangendo perché tu torni a casa. Come puoi affrontare questo problema?

Il problema è il tuo programma; lo stai lasciando a casa troppo spesso. Potresti dover cambiare il tuo comportamento prima di poter cambiare quello del tuo cane. Cambia il tuo programma in modo da essere a casa più spesso o portalo con te al lavoro. Oppure, chiedi a un vicino amichevole di passare a controllarlo ogni tanto, così non si sentirà così solo e depresso.

Promemoria di cosa non fare:

Immaginiamo che il tuo Maltipoo inizi ad abbaiare. La tua reazione, se sbagliata, potrebbe far sentire il tuo cane ancora più incoraggiato ad abbaiare.

Urlare al tuo cane di smettere di abbaiare lo ecciterà ancora di più perché penserà che ti stia unendo a lui e abbaierà ancora di più. Non urlare mai al tuo cane di smettere di abbaiare, ma parlagli con calma e fermezza per dirgli di stare zitto. Le tue urla non fanno che rinforzare l'abbaiare.

Quando il tuo Maltipoo inizia ad abbaiare, sii paziente e ignoralo. Aspetta finché non smette di abbaiare, poi digli di fare silenzio o di stare zitto. Aspetta che stia zitto per venti o trenta secondi e dagli un premio o lodalo generosamente. La chiave per addestrare il tuo Maltipoo a stare zitto con questo esercizio di obbedienza è il tempismo. Quando lo premi per essere silenzioso, lentamente inizierà a capire che non abbaiare significa essere premiato.

Inoltre, puoi provare a distrarre il tuo Maltipoo quando inizia ad abbaiare. Ogni volta che inizia, chiama il tuo cucciolo e chiedigli di fare qualcosa per te, come un trucco. Se interrompi l'abbaiare del tuo Maltipoo, è meno probabile che sviluppi l'abitudine.

Se noti che gli estranei sembrano far abbaiare il tuo Maltipoo perché è a disagio, devi lavorare per aiutarlo a sentirsi più a suo agio con gli estranei che si avvicinano. Come puoi farlo?

Socializza il tuo Maltipoo il più possibile con altre persone. Invita amici e familiari e presentali al tuo Maltipoo. Assicurati che il tuo Maltipoo si senta calmo e al sicuro durante tutto il processo di presentazione. Se inizia ad abbaiare a una persona, calma il tuo cucciolo e mostragli che l'estraneo non è qualcuno di cui aver paura.

Collari antiabbaio: l'Ente Nazionale Protezione Animali (ENPA) afferma quanto segue: "I collari antiabbaio sono crudeli e non efficaci". Cos'è un collare antiabbaio? È un collare dotato di un dispositivo sensibile al rumore. Quando il dispositivo viene attivato dall'abbaiare, rilascia una piccola scossa elettrica al tuo cane (altri spruzzano uno spray agli agrumi). Questi collari addestrano i cani a non abbaiare indipendentemente dal motivo per cui abbaiano e possono causare paura e ansia nei cani più piccoli. Inoltre, cani intelligenti come il Maltipoo scoprono rapidamente che vengono puniti solo quando indossano il collare.

Ricorda questi quattro suggerimenti quando addestri il tuo Maltipoo a non abbaiare:
1. Non reagire
2. Non urlare
3. Distrai il tuo cane
4. Socializza il tuo cane il più possibile con altre persone

Capire l'Abbaiare del Tuo Maltipoo

Anche se non parli il linguaggio dei cani e il tuo Maltipoo non parla italiano (o qualsiasi lingua tu parli in casa), puoi interpretare i suoi desideri e intenzioni, se sai cosa ascoltare nel suo abbaiare. Ci sono tre caratteristiche dell'abbaiare dei cani che possono aiutarti a distinguere il motivo dietro questa forma di comunicazione: il tono, la durata e la frequenza dell'abbaiare.
- **Tono grave:** un suono dal tono più basso, come un ringhio, indica che una minaccia è vicina o che il tuo cane è turbato e arrabbiato. Fondamentalmente, sta dicendo "Stai lontano da me o vedrai".

- **Tono acuto:** un suono dal tono più alto, come un abbaiare secco, un guaito o un piagnucolio significa l'opposto di un tono basso; ti è permesso ed è sicuro avvicinarti. È un abbaiare di "benvenuto".

- **Durata:** se il cane continua a ringhiare (tono basso), ciò significa tipicamente che davvero non vuole che ti avvicini. La lunghezza del suono significa che sta tenendo la sua posizione e non si sta ritirando. Se il ringhio è a brevi raffiche, significa che è molto preoccupato e impaurito, ma non è sicuro se può mantenere la sua posizione o se è totalmente necessario.

- **Frequenza:** potresti sentire abbai o guaiti che si ripetono più e più volte. Più i suoni sono ravvicinati, più eccitazione il tuo Maltipoo desidera esprimere. Se il tuo Maltipoo fa solo un abbaio occasionale, è solo leggermente interessato a qualcosa.

Normalmente, quando il tuo Maltipoo si sente minacciato o in pericolo, l'abbaiare sarà combinato con ringhi a tono basso. Di seguito è riportata l'interpretazione comune per la maggior parte degli abbai:

- **Da due a quattro abbai di seguito:** questa è una delle forme più comuni di abbaiare, risalente alle radici di lupo di tutti i cani. Significa "chiama il branco". Questo abbaiare intende comunicare a te, il capo del branco, che sta succedendo qualcosa di interessante e che vuole tu venga a vedere.

- **Abbaio lento e continuo con tono grave:** il tuo Maltipoo percepisce un pericolo imminente. Significa "il pericolo è molto vicino, preparati a difenderti".

- **Uno o due abbai acuti e secchi:** questo è un tipico abbaiare di saluto che il tuo Maltipoo produce quando si rende conto che un estraneo è amichevole. Fondamentalmente, significa "ciao!"

- **Serie di abbai con pause in mezzo**: questo è un abbaiare triste, che significa che il tuo Maltipoo si sente molto solo e annoiato. È il modo del tuo cane di chiedere un po' di tempo per coccole e compagnia.

- **Abbaio strozzato o "Harrruff":** normalmente, questo abbaiare è combinato con un linguaggio del corpo giocoso. Le zampe anteriori del tuo cane saranno piatte sul terreno e il posteriore tenuto in alto; è pronto a giocare!

Come accennato in precedenza, il tuo cucciolo di Maltipoo potrebbe essere estremamente silenzioso fino a quando non ha circa due o tre anni e poi, improvvisamente, iniziare ad abbaiare incessantemente. L'abbaiare è un comportamento appreso. Dovrai praticare l'addestramento al non-abbaiare per tutta la vita del tuo Maltipoo.

Non permettere mai al tuo cane di abbaiare in modo incontrollabile.

Foto di
Amy Isett

La pazienza è una virtù

"I Maltipoo sono molto sensibili e non gestiscono bene voci dure o severe o manipolazioni brusche. Rispondono meravigliosamente alle lodi e all'amore. Sono anche apprendisti molto veloci."

Terry Schulte
valleypuppypaws.com

Addestrare il tuo Maltipoo all'obbedienza può essere un'esperienza noiosa e frustrante, ma la chiave per addestrare con successo il tuo nuovo cucciolo è avere pazienza. Devi renderti conto che stai per insegnare a questo piccolo cucciolo indifeso un intero nuovo set di comandi; lo educherai ai bisogni e gli insegnerai una varietà di nuove abilità comportamentali.

Immagina di imparare a fare dieci cose contemporaneamente e il tuo insegnante non parla la tua lingua madre. Come ti sentiresti? Quali qualità apprezzeresti che il tuo insegnante ti mostrasse? Molto probabilmente, la maggior parte di noi direbbe pazienza e comprensione. Questa è la stessa situazione che il tuo cucciolo sta affrontando. Vuole fare la cosa giusta per te ma non sempre capisce; quindi, per favore, sii paziente con il tuo piccolo Maltipoo.

Per essere paziente con il tuo cane, devi conoscere i suoi limiti. In questo modo non gli chiederai qualcosa che non è in grado di dare. Prendi in considerazione l'età; i cani più giovani hanno una capacità di attenzione breve e si distraggono facilmente. Sarebbe saggio mantenere le sessioni di addestramento brevi e piacevoli per questa fascia d'età. I cani adulti potrebbero essere in grado di imparare compiti più complessi rispetto ai cuccioli. I cani più anziani potrebbero impiegare un po' più di tempo per imparare a padroneggiare un nuovo compito, ma con la ripetizione può essere fatto.

I Maltipoo sono desiderosi di compiacere i loro proprietari a tutte le età, ma quando sono cuccioli, tendono a eccitarsi eccessivamente e pensano che tutto sia un motivo per giocare. Non punire il tuo cucciolo; ricorda che è solo un cucciolo. Potresti dover fare sessioni di addestramento più brevi durante il giorno, fino a quando la sua concentrazione non migliora.

I cani che hanno un passato di maltrattamenti, abusi o punizioni fisiche possono essere più difficili da addestrare. Avranno bisogno di più pazienza e amore rispetto a un cane che proviene da una casa amorevole, poiché avranno alcuni problemi di fiducia con gli umani.

Il tuo atteggiamento verso l'addestramento all'obbedienza giocherà un ruolo molto importante in come il tuo Maltipoo risponde ad esso. Se sei sempre impaziente o ti frusti rapidamente, per la tua sanità mentale dovrai fare sessioni di addestramento più brevi. Il tuo cane può percepire le tue vibrazioni negative e iniziare a imitarle. Inoltre, iscriverti a corsi di obbedienza ti aiuterà a orientarti su come addestrare il tuo cane, così non ti sentirai così sopraffatto.

Tu e il tuo cane dovete essere entrambi disposti a imparare, motivo per cui hai bisogno che il tuo cucciolo si leghi a te durante queste sessioni di addestramento. La tua pazienza, amore e lode costante faranno sì che il tuo piccolo Maltipoo ti risponda e lo faranno desiderare di compiacerti ancora di più. L'addestramento all'obbedienza è un processo lungo, quindi rendilo piacevole e divertente.

Affinché il tuo Maltipoo ti capisca, a volte dovrai mostrargli esattamente cosa vuoi. Potresti dover posizionare il tuo cane per fargli capire ciò che vuoi che faccia e premiarlo quando inizia a collaborare, anche se ha fatto il lavoro solo a metà.

Addestramento e premi

A tutti noi piace mangiare, e il tuo Maltipoo non fa eccezione. I premi sono un modo meraviglioso per motivare il tuo cucciolo a imparare cose nuove. Premi e ricompense vanno di pari passo con l'addestramento all'obbedienza. È quasi impossibile addestrare il tuo cucciolo senza motivarlo con un premio occasionale.

Molti dei compiti che vuoi insegnare al tuo cucciolo potrebbero essere difficili da comprendere per lui. Dovrai usare una parola chiave, un suono o persino metterti in ginocchio e mostrare al tuo cucciolo cosa fare. Anche allora, il tuo cucciolo potrebbe ancora non capire, ma un premio renderà tutto più facile.

Come puoi usare i premi nell'addestrare il tuo Maltipoo all'obbedienza

Premi piccoli: troppi premi e ricompense metteranno sotto stress il girovita del tuo Maltipoo. È molto facile esagerare quando si danno premi a un cucciolo sotto addestramento. Cerca di dargli solo piccoli premi o, se possibile, spezza i premi in pezzi. Se accidentalmente dai al tuo cucciolo troppe crocchette in un giorno, potresti dargli meno cibo all'ora dei pasti.

Quando ricompensare: non premiare mai un comportamento negativo. Dando un premio stai rinforzando un buon comportamento che approvi. Se il tuo cucciolo entra in una frenesia iperattiva dopo aver eseguito il comando, sarà meglio non premiarlo in quel momento.

Niente ricatti: l'addestramento con premi è temporaneo. Viene utilizzato all'inizio per motivare i cani a imparare una nuova abitudine e una parola chiave. Col tempo, il buon comportamento sarà premiato più da lodi e attenzioni che premi. Dovrai ridurre lentamente i premi, altrimenti il tuo cane si comporterà bene solo quando corrotto da un premio.

Ricompensa ogni piccolo progresso: molti proprietari di cani commettono l'errore di premiare il loro cane solo quando esegue l'intero compito perfettamente. Questo porta solo a frustrazione per te e il tuo cucciolo. La chiave per addestrare con successo il tuo Maltipoo è premiare ogni piccolo passo che fa verso l'esecuzione del compito. Premia anche il minimo progresso.

Alcuni giorni il progresso potrebbe sembrare più un regresso, ma tutti abbiamo giorni negativi. Sii indulgente con il tuo piccolo cucciolo; sta facendo del suo meglio per capire cosa vuoi. Col tempo, collegherà i puntini e vedrà che il premio è collegato all'esecuzione di un certo compito.

Distrazioni: i cuccioli possono essere facilmente distratti. Assicurati che il luogo di addestramento che hai scelto non offra distrazioni. Vuoi che il tuo Maltipoo si concentri su di te e sul premio nella tua mano. Evita aree dove passano auto, bambini che giocano nelle vicinanze o dove ci sono scoiattoli.

Qualcosa di nuovo: mantieni il tuo cane entusiasta dei premi che gli dai. A volte, il premio che stai per dare al tuo cucciolo non è abbastanza interessante per stimolare il tuo cane a fare un così grande sforzo. Per i compiti più difficili, scegli i premi preferiti del tuo cucciolo per motivarlo a fare l'impossibile.

Addestramento al guinzaglio

In un mondo perfetto, i cani nascerebbero già capaci di camminare al guinzaglio, ma la realtà è che dovrai insegnare pazientemente al tuo cucciolo come svolgere questa attività basilare. Deve imparare che è scorretto tirare avanti o rimanere indietro rispetto a te.

La sfida più grande nell'addestrare un Maltipoo a camminare al guinzaglio è insegnargli a camminare al tuo ritmo. Il tuo cucciolo è un concentrato di energia che vuole fare e vedere tutto in una volta, in più ha un set extra di zampe che lo fa muovere un po' più velocemente di quanto potresti volere.

Perché usare un guinzaglio e un collare?

I guinzagli possono limitare il tuo Maltipoo troppo curioso dal finire nei guai; ad esempio, impedendogli di correre in strada ed essere investito da un'auto. Inoltre, i Maltipoo hanno un acuto senso dell'olfatto e sono affascinati da tutti gli odori durante le passeggiate: se lasciati a loro stessi, seguirebbero la traccia di un altro cane e molto probabilmente finirebbero per perdersi.

Inoltre, nella maggior parte delle città italiane, è richiesto per legge di tenere i cani al guinzaglio nelle aree pubbliche. Tenendo il cane al guinzaglio, mostri a chi ti circonda che lo rispetti e sei un proprietario responsabile. Inoltre, sarai in grado di raccogliere immediatamente i bisogni del tuo cane, come richiesto dalla legge italiana. Un cane che vaga liberamente farà i suoi bisogni fuori dalla tua vista, creando problemi igienici per la comunità. In Italia, le multe per mancata raccolta dei bisogni del cane possono variare da 50 € a 500 € a seconda del comune.

Ai collari possono essere attaccate le targhette di identificazione del tuo cane con i tuoi contatti e, preferibilmente, il microchip registrato presso l'ASL locale, così se capita che si perda ti sarà rapidamente restituito.

I cani che vagano senza controllo rischiano di essere segnalati alla Polizia Municipale o ai Vigili Urbani e portati al canile sanitario comunale. In alternativa, potrebbero essere raccolti da estranei ben intenzionati che potrebbero tenerli. Se il tuo cane viene portato al canile comunale, dovrai probabilmente pagare le spese veterinarie per i controlli sanitari obbligatori, più una quota giornaliera di mantenimento fino a quando non lo reclami. Puoi evitare tutto questo se il tuo Maltipoo è sempre al guinzaglio e sotto il tuo controllo.

Un guinzaglio aiuta a mantenere le spese veterinarie più basse. Tutti i cani, non importa quanto siano carini, amano mangiare tutto ciò che vedono e annusano, spazzatura inclusa. Inoltre, i cani che vagano liberamente possono camminare attraverso edera velenosa, pesticidi, cespugli infestati da zecche e piante che hanno spine o lappole, così come bere acqua contaminata.

I cani liberi possono mordere le persone. I Maltipoo percepiscono lo stress e potrebbero accidentalmente mordere o graffiare qualcuno che è spaventato da loro. Se causa un danno personale, la persona lesa potrebbe intraprendere azioni legali contro di te e il tuo cane. Potresti ricevere una multa pesante e il tuo cane potrebbe essere soppresso. Tenere il tuo Maltipoo al guinzaglio ti aiuta a mantenere il tuo cane al sicuro e sotto controllo, oltre a mostrare che tu, il proprietario, stai esercitando ragionevoli precauzioni.

Avere il tuo cane al guinzaglio è semplicemente buon karma. Mostra che sei un buon vicino e che rispetti chi ti circonda. Non tutti amano i cani tanto quanto te. Alcune persone potrebbero avere gravi allergie o fobie. Coloro che soffrono di fobie o attacchi di panico potrebbero reagire per paura e ferire il tuo amichevole Maltipoo quando corre per salutarli. Usare un guinzaglio mostra che hai il controllo del tuo cane e rispetti chi ti circonda.

Un guinzaglio è uno degli articoli più importanti da avere per il tuo Maltipoo perché proteggerà entrambi. Poiché l'uso di un guinzaglio è vantaggioso per il tuo cane, per chi ti circonda e per te stesso, come puoi addestrare il tuo Maltipoo a usare un guinzaglio?

Come addestrare il tuo Maltipoo a usare un guinzaglio e un collare o pettorina:

Seguendo questi suggerimenti, il tuo Maltipoo inizierà a camminare al guinzaglio come un professionista in pochissimo tempo.

1. **Scegli il giusto guinzaglio e collare:** di seguito è riportata una breve introduzione ai diversi tipi di guinzagli sul mercato. Quando scegli un collare per un nuovo cucciolo, assicurati che sia leggero e sottile. Puoi sempre cambiare il tipo di collare in un secondo momento.

1. **Introduzione:** presenta al tuo cucciolo il guinzaglio, il collare e la pettorina (se ne stai usando una). Fagli indossare il guinzaglio, il collare o la pettorina durante i momenti di gioco. All'inizio sarà per periodi molto brevi, che lentamente diventeranno sempre più lunghi. Alla fine, il collare rimarrà permanentemente. Durante questi brevi periodi di addestramento al guinzaglio del tuo Maltipoo, dagli premi e lodalo generosamente. Inizierà ad associare il guinzaglio e il collare con cibo e momenti divertenti.

1. **Primi passi in casa:** una volta che si è abituato al guinzaglio e al collare, porta a spasso il tuo cucciolo in casa con il guinzaglio. Non cercare di farlo camminare al piede subito; la chiave è fargli prima capire i limiti del suo guinzaglio. Fai qualche passo con il guinzaglio, poi fermati e dagli un premio. Continua a farlo finché il tuo cucciolo inizia ad associare il seguire la tua guida al guinzaglio con l'ottenere deliziosi premi.

1. **Sii paziente:** all'inizio, il tuo cucciolo potrebbe cercare di divincolarsi dal guinzaglio. Lascialo fare; una volta che capisce che il guinzaglio non va da nessuna parte, continua a camminare. Prova a camminare in casa usando il metodo dei tre passi e un premio. Piccoli passi porteranno eventualmente a grandi passi, e in men che non si dica camminerete insieme intorno all'isolato.

Tipi di collari e guinzagli

Può essere travolgente scegliere il guinzaglio e il collare corretti nel tuo negozio di articoli per animali locale. Indipendentemente dal tipo che decidi di usare, ricorda che il guinzaglio è un modo di comunicare con il tuo Maltipoo: senza usare parole, puoi dirgli quando fermarsi, quando andare, quanto velocemente camminare, ecc. Non tirare e non usare mai forza eccessiva.

Ricorda, sei il leader del branco, l'eroe del tuo Maltipoo. Cammina dritto e presta attenzione al tuo linguaggio del corpo. Stai dritto, con la testa alta e cammina con determinazione come un capo branco. La tua energia arriverà al tuo cucciolo attraverso il guinzaglio.

Se hai dubbi su quale tipo di guinzaglio e collare usare, consulta il tuo veterinario per alcune raccomandazioni.

Guinzaglio e collare standard: questi sono il guinzaglio e collare più comuni e sono adatti per la maggior parte dei cani. Quando usi questo tipo di guinzaglio e collare, assicurati di camminare proprio accanto o davanti al tuo cane per posizionarti come leader nel branco. Raccomandato per i Maltipoo.

Collare a strangolo: questa è una catena che si stringe intorno al collo del cane quando tiri o strattoni, usata soprattutto per correggere il comportamento negativo. Non è raccomandato per cani più piccoli, come i Maltipoo, perché potrebbe causare danni al loro collo o limitare la loro respirazione. È usato principalmente per cani più grandi.

Pettorina: questa è un'opzione sicura per cani che hanno il muso schiacciato, come i Carlini, e cani con colli lunghi e snelli come i Levrieri. Le pettorine non limiteranno la respirazione, né danneggeranno la trachea e la gola. Raccomandata per i Maltipoo.

Importanza della visibilità quando porti a spasso il tuo Maltipoo

Visibilità significa sicurezza. Di notte o al mattino presto, può essere difficile per i conducenti vederti mentre porti a spasso il tuo cane. Puoi indossare qualche tipo di abbigliamento riflettente o un gilet, ma cosa dire del tuo Maltipoo?

Puoi acquistare una pettorina di sicurezza dotata di adesivi riflettenti. Inoltre, molti guinzagli e collari hanno illuminazione aggiuntiva per proteggere il tuo Maltipoo da un incidente. Puoi anche acquistare nastro riflettente nel tuo negozio di ferramenta locale e creare la tua pettorina e guinzaglio riflettenti per il tuo Maltipoo, se desideri risparmiare denaro.

CAPITOLO SEI
Come prenderti cura del tuo Maltipoo

Chi non ama una giornata di coccole e attenzioni? Tutti ne abbiamo bisogno ogni tanto: un nuovo taglio di capelli, una manicure e pedicure, e magari anche un massaggio. Sembra meraviglioso! Prendersi del tempo per noi stessi è uno dei migliori regali che possiamo farci.

Tuttavia, come dice il vecchio proverbio, "C'è più felicità nel dare che nel ricevere". Prenderti cura del tuo cucciolo di Maltipoo ti porterà molti benefici e tanta gioia.

Il tuo Maltipoo non è in grado di badare a se stesso o di soddisfare quasi nessuno dei suoi bisogni fondamentali: ha bisogno del tuo aiuto.

Foto di Vicki Mueller

Devi fornirgli riparo, amore e cibo, ma ha anche bisogno di essere toelettato e lavato.

Toelettatura fai-da-te

I genitori del Maltipoo, il Barboncino e il Maltese, richiedono entrambi una toelettatura e spazzolatura regolare, e il tuo Maltipoo avrà bisogno delle stesse cure. Sarà necessario adattare le sue esigenze di toelettatura in base al tipo di pelo che ha ereditato:

1. **Liscio e setoso :** i geni dominanti provengono dal Maltese quando il Maltipoo ha un mantello liscio e setoso. Questo tipo di pelo non è soggetto a formare nodi tanto quanto gli altri due tipi di mantello.
   Si consiglia di far toelettare e spuntare questo tipo di pelo ogni sei-otto settimane.
   Questo tipo di pelo permette una vasta gamma di acconciature; può essere lasciato lungo per assomigliare a un tipico Maltese o può essere tagliato con l'adorabile taglio da cucciolo.

2. **Folto e riccio :** i geni dominanti provengono dal Barboncino, noto per il suo mantello folto e riccio. Questo tipo di pelo richiede più manutenzione, poiché è soggetto a nodi e grovigli. Avrà bisogno di tagli e spuntature regolari per evitare che cresca in modo incontrollato e diventi un enorme pasticcio.
   Se noti che si sta formando un piccolo nodo o groviglio, cerca rapidamente di spazzolarlo o, se necessario, tagliarlo. Il più piccolo nodo può rapidamente trasformarsi in un garbuglio enorme.
   Si consiglia di far toelettare e spuntare questo tipo di mantello ogni quattro settimane.

3. **Ondulato e ruvido :** questo è un segno di cattive pratiche di allevamento ed è il tipo di mantello meno desiderabile per un Maltipoo. È il tipo di pelo più difficile da mantenere, poiché forma rapidamente nodi e grovigli. La consistenza ruvida rende la toelettatura molto problematica. L'unico tipo di taglio adatto per questo Maltipoo è tenerlo corto. È difficile da controllare, quindi le acconciature più eleganti non sono consigliate.
   Si consiglia di far toelettare e spuntare questo tipo di mantello ogni quattro settimane.

Ecco un breve elenco dei tipi di tagli più popolari per i cani Maltipoo; ognuno è adorabile e carino, un perfetto complemento alla loro personalità amabile:

- **Taglio Miami Beach** : questo è uno degli stili più popolari per i barboncini ed è più adatto per i cuccioli di Maltipoo che hanno il pelo folto e riccio. Il muso, la coda e le zampe sono rasati, lasciando una forma a pon-pon alla base delle zampe, sulla sommità della testa e all'estremità della coda. Il resto del pelo sul corpo è spuntato.
- **Taglio Town and Country** : questo taglio è consigliato per tutti i tipi di mantello del Maltipoo, ma è particolarmente adatto per il Maltipoo con pelo liscio e setoso. È un ottimo taglio per un Maltipoo elegante che ama giocare all'aperto. Questo taglio prevede la rasatura della pancia, del muso e delle zampe. Il resto del pelo viene spuntato e può essere lasciato della lunghezza che desideri, mantenendolo con una spazzolatura quotidiana.
- **Taglio Kennel** (also known as **Taglio militare**) : chiamato anche taglio militare, questo tipo di taglio è consigliato per tutti i mantelli del Maltipoo. Le orecchie sono spuntate e spazzolate. Usando le forbici, il toelettatore modellerà il pelo sul corpo; le zampe, il muso e la coda sono rasati, lasciando un pon-pon all'estremità della coda.
- **Taglio agnellino** : questo taglio è adorabile sul Maltipoo dal pelo folto e riccio. È anche un taglio popolare per i barboncini da esposizione. Tutto il corpo è spuntato alla stessa lunghezza tranne la coda, che ha un pon-pon all'estremità. Adorabile!
- **Taglio cucciolo** : questo è il taglio più popolare per tutti e tre i tipi di pelo del Maltipoo. Il pelo su tutto il corpo è tagliato piuttosto corto e il pelo sulla testa è spazzolato e raccolto in una coda.
- **Taglio continentale** : questo taglio è consigliato per tutti i tipi di pelo del Maltipoo. Il pelo su tutto il corpo è tagliato corto, tranne le zampe, che hanno pon-pon alla base.

Come puoi vedere, ci sono molte opzioni diverse per i tagli del Maltipoo. Se decidi di toelettare il tuo Maltipoo da solo, sarebbe saggio far fare il primo taglio da un toelettatore professionista, poi potrai semplicemente seguire la forma quando sarà il momento di rinfrescare il taglio al tuo Maltipoo. Qualunque acconciatura tu scelga di dare al tuo Maltipoo, sarà solo un complemento alla sua personalità amorevole e dolce.

Inizia presto

"I Maltipoo sono eccellenti compagni molto fedeli. Sono puliti e intelligenti, il che li rende facili da curare e addestrare."

Renee Banovich
www.aTender1sPuppies.com

La chiave per toelettare qualsiasi cane è abituarlo alla routine di toelettatura fin dall'inizio della sua vita. Come con i bambini, prima imparano una buona abitudine o routine, meglio è.

Anche se hai intenzione di utilizzare un toelettatore professionista per il tuo Maltipoo, dovrai comunque addestrare il tuo cucciolo fin da subito alle sessioni di toelettatura. Avrà comunque bisogno di sessioni di spazzolatura quotidiane.

Poiché i cuccioli di Maltipoo avranno bisogno di essere toelettati regolarmente per tutta la loro vita, è importante che non siano traumatizzati dall'esperienza. Ecco perché è così importante abituarli ad essere toelettati fin dal primo giorno.

Il primo giorno che porti a casa il tuo Maltipoo, presentagli la spazzola. Lascia che la annusi e la tocchi, ma non che ci giochi o la morda, poiché questo gli insegnerebbe che il momento della toelettatura è un momento di gioco e non di spazzolatura.

Una volta presentata la spazzola, inizia a spazzolare leggermente il tuo cucciolo. Lodalo per tutto il tempo in cui sta fermo e fa il bravo. Spazzolalo solo per un minuto o due e poi dagli un premio per il suo buon comportamento. Ripeti questo processo il più possibile nei primi giorni, poiché gli sta insegnando che la spazzola è un'amica e significa ricevere premi. Con il tempo, diventerà una routine.

Assicurati che tutte le interazioni di toelettatura siano un'esperienza positiva per te e il tuo Maltipoo. Se ti accorgi che temi di insegnare al tuo cucciolo come essere toelettato, potresti aver bisogno di motivarti con un premio anche tu: potresti concederti qualcosa di dolce ogni volta che toeletti con successo il tuo cucciolo.

Inoltre, se ti ritrovi a pensare che toelettare il tuo cucciolo è un compito o un peso, quel pensiero è un segnale di avvertimento per non toelettare il tuo cucciolo in quel momento. Il tuo giovane amico a quattro zampe percepirà la tua cattiva vibrazione verso la toelettatura, il che renderà l'attività spiacevole per il tuo cucciolo. Aspetta di essere nello stato d'animo giusto per iniziare la toelettatura per rendere l'esperienza positiva sia per te che per il tuo Maltipoo.

Impiegare più tempo non è necessariamente meglio, quando si toeletta il Maltipoo; più breve è la sessione di addestramento, più è produttiva. Se noti che il tuo cucciolo è riluttante a partecipare, è un segno per rallentare. Potresti aver bisogno di usare più premi per rendere le sessioni di toelettatura più attraenti.

Fin dal primo giorno in cui porti a casa il tuo cucciolo di Maltipoo, preparati a non trascurare mai la sua regolare routine di toelettatura.

Non prenderti il tempo per insegnare correttamente al tuo Maltipoo che la toelettatura è benefica fin dal primo giorno porterà a cattive abitudini profondamente radicate che saranno quasi impossibili da eliminare. Poiché il tuo Maltipoo sarà traumatizzato ogni volta che viene toelettato, sarà molto stressato. Questo potrebbe portarlo a morderti o graffiarti e farti sentire traumatizzato, causando una vita di sessioni di toelettatura infelici. Quindi, prenditi il tempo per insegnare al tuo cucciolo che la toelettatura è un momento divertente e di legame con te fin dal primo giorno in cui lo porti a casa.

Il bagno

La maggior parte dei cuccioli di Maltipoo ama il momento del bagno ed è probabilmente uno dei compiti di toelettatura più piacevoli. Iniziamo con alcune domande comuni poste dai nuovi proprietari di Maltipoo.

A che età posso iniziare a fare il bagno al mio Maltipoo?

Una volta oltrepassate le otto settimane di vita, il tuo cane sarà abbastanza grande per fare il bagno. Normalmente, i cuccioli di Maltipoo vengono accolti nelle loro nuove case a questa età, ma cosa succede se hai un cucciolo più giovane di otto settimane? Normalmente, la madre mantiene i cuccioli puliti e ordinati fino a quando non vengono svezzati all'età di quattro-cinque settimane. Dopo di che, puoi semplicemente pulirlo con un panno umido, se necessario.

Quanto spesso posso fare il bagno al mio Maltipoo?

L'ideale è fare il bagno al tuo Maltipoo circa ogni tre settimane. Fare il bagno a un cane troppo frequentemente può causare secchezza della pelle e del pelo perché elimina gli oli naturali presenti sulla pelle. La chiave è usare uno shampoo e un balsamo di buona qualità progettati per il tipo di pelo specifico del tuo cucciolo di Maltipoo.

D'altra parte, non lavare abbastanza il tuo Maltipoo può rendere il suo mantello unto, i suoi peli aggrovigliati, i pori della pelle ostruiti e persino farlo odorare in modo sgradevole.

Come fare il bagno al tuo Maltipoo

1. **Preparati :** assicurati di indossare vestiti che puoi bagnare, sporcare e riempire di peli senza problemi. Raccogli tutti i prodotti di cui avrai bisogno durante il bagno, così non dovrai correre a prendere qualcosa, lasciando un cucciolo bagnato e insaponato da solo nella stanza. Assicurati di avere a portata di mano shampoo, balsamo, una spazzola, olio minerale per gli occhi, batuffoli di cotone o garza di cotone per le orecchie, due grandi asciugamani e, cosa più importante, tantissimi premi. Se non hai un soffione della doccia staccabile nell'area dove stai facendo il bagno, assicurati di avere una grande ciotola per aiutarti a risciacquare il tuo Maltipoo.

2. **Riempi la vasca o il lavandino con acqua tiepida :** questo è uno degli errori comuni che i nuovi proprietari di cani commettono più frequentemente: mettere il cane in un lavandino vuoto e poi iniziare a riempirlo d'acqua. Questo porterà il tuo cucciolo ad annoiarsi e renderà il bagno un'esperienza negativa.

3. **Prepara il tuo Maltipoo :** per evitare incidenti, assicurati che le unghie del cucciolo siano state tagliate prima di iniziare a lavarlo. Portalo in bagno e chiudi la porta dietro di te, questo impedirà al tuo cane bagnato e insaponato di correre per tutta la casa. Una volta nella stanza, loda generosamente il tuo cane e dagli qualche premio. Cerca di farlo sentire davvero a suo agio in bagno prima di metterlo nella vasca o nel lavandino. Se il tuo cucciolo te lo permette, mettigli un batuffolo di cotone in ciascun orecchio per evitare che l'acqua entri nelle orecchie, ma non dimenticare di rimuoverli quando hai finito. Se il tuo Maltipoo ha gli occhi sensibili, puoi mettere una goccia di olio minerale in ciascun occhio per evitare che lo shampoo li irriti.

4. **Ora del bagnetto :** assicurati di leggere le istruzioni sulla bottiglia dello shampoo in modo da usarne la giusta quantità. Posiziona delicatamente il tuo cucciolo nella vasca o nel lavandino, assicurandoti che l'acqua non sia troppo calda o troppo fredda. Bagna il mantello del tuo cane con acqua prima di iniziare a insaponare. Inizia a insaponare dalle spalle, poi prosegui da lì. Fai molta attenzione intorno alla bocca e alle orecchie. Risciacqua lo shampoo, usando le dita per assicurarti che sia stato tutto rimosso poiché potrebbe irritare la pelle.

5. **Sciogli i nodi del pelo :** una volta finito di insaponare, puoi applicare il balsamo. Segui attentamente le istruzioni, poiché alcuni balsami

richiedono di essere lasciati in posa per un paio di minuti per essere assorbiti. Risciacqua accuratamente.

6. **Pulisci le orecchie :** mentre il balsamo si sta assorbendo nel mantello, è un buon momento per pulire le orecchie del tuo cucciolo con la garza o i batuffoli di cotone.

7. **Asciugatura con l'asciugamano :** tira fuori il tuo cane dal lavandino o dalla vasca e avvolgilo rapidamente in un asciugamano, cercando di asciugarlo il più velocemente possibile. Evita di lasciarlo scuotere fino a quando non è quasi asciutto. Spazzola il mantello del tuo cane prima di lasciarlo uscire dalla stanza, poiché i bagni aiutano a far cadere tutti i peli vecchi. Aspettati che il tuo cane impazzisca e corra ovunque, una volta che lo lasci uscire dalla stanza: è così che allevia lo stress.

Asciugatura

Come accennato sopra, puoi asciugare il tuo Maltipoo con un asciugamano nei mesi più caldi, ma nei mesi più freddi è più indicato usare un asciugacapelli a bassa potenza. Non puntare mai l'asciugacapelli direttamente sul viso del tuo Maltipoo, poiché questo lo spaventerà e gli lascerà un'impressione negativa.

Se il tuo Maltipoo ha ereditato il pelo morbido e setoso del Maltese, il consiglio è di usare sempre l'asciugacapelli, poiché questo manto tende a formare rapidamente nodi e grovigli. Mentre stai asciugando il tuo cucciolo con l'asciugacapelli, spazzola i suoi peli verso l'alto per asciugare le radici. Questo aiuterà anche a rimuovere eventuali peli in eccesso.

Mentre stai asciugando il pelo del tuo Maltipoo, è meglio spazzolarlo in contemporanea perché tutti i peli allentati dal bagno inizieranno a cadere e spazzolarlo eviterà che i peli finiscano in tutta la casa.

Dal momento che il Maltipoo tende a soffrire il freddo, è importante assicurarti che il tuo cucciolo sia completamente asciutto dopo un bagno: non lasciare che il tuo piccolo Maltipoo esca fino a quando non è asciutto al cento per cento.

Spazzolatura

Indipendentemente dal tipo di pelo che ha il tuo piccolo Maltipoo, avrà bisogno di essere spazzolato quotidianamente. Prima abitui il tuo cucciolo a essere spazzolato, più facile sarà quando sarà più grande.

Per la spazzolatura quotidiana, è altamente consigliato utilizzare una spazzola a spilli o una spazzola slicker. Questi tipi di spazzole sono progettati per le texture dei peli del Maltese o del Barboncino.

Come spazzolare i peli del tuo Maltipoo:

- Passa delicatamente la spazzola attraverso i peli del tuo Maltipoo, facendo attenzione a non usare troppa forza e ferire il tuo piccolo angelo.
- Mentre pettini il pelo, rimuoverai i peli in eccesso e impedirai la formazione di nodi in futuro.
- Se il tuo Maltipoo ha ereditato il pelo fine del Maltese, potrebbe essere utile usare uno spray districante progettato per cani quando lo spazzoli.

Come rimuovere un nodo:

- Questa è una sfida e può causare molto disagio al tuo cucciolo. Un piccolo nodo può crescere fino a diventare un enorme pasticcio in

Foto di
Meredith Edwards

poche ore, per cui la chiave è individuarlo prima che diventi troppo grande.

- Quando trovi un nodo, prima spruzzalo generosamente con lo spray districante, che aiuterà a renderlo più facile da lavorare. Poi, usando una spazzola progettata per i nodi, inizia delicatamente a districare le estremità del nodo. Ci vorrà del tempo, ma scoprirai che la maggior parte dei nodi può essere facilmente rimossa con una spazzolata accurata.

- Se trovi un nodo ostinato che è troppo grande per essere spazzolato, dovrai tagliarlo. Fai molta attenzione quando tagli il nodo perché potresti tagliare la pelle del tuo cucciolo. Usa le dita per proteggere la pelle del tuo cucciolo dalle forbici.

Se il nodo è davvero grande, potresti dover tagliarlo in pezzi prima di poterlo effettivamente rimuovere. Potresti scoprire che tagliando il nodo a metà, puoi evitare di tagliarlo completamente e invece essere in grado di spazzolarlo. Questo aiuterà a evitare che il tuo Maltipoo si ritrovi con grandi spazi vuoti nella pelliccia.

Se noti che il tuo cucciolo di Maltipoo ha difficoltà a stare fermo durante una sessione di spazzolatura, la cosa migliore è farlo prima stancare con un po' di gioco intensivo, così avrà meno energia per cercare di scappare. Costringere il tuo cucciolo ad essere spazzolato quando vuole andare via porterà solo a far diventare entrambi estremamente irritati e frustrati.

Orecchie

Controlla le orecchie del tuo Maltipoo ogni settimana, poiché sono soggette a infezioni.

I cuccioli di Maltipoo hanno ereditato le loro orecchie pendenti da entrambi i genitori. Come gli esseri umani, i cani hanno accumuli di cerume, ma le orecchie pendenti del Maltipoo rendono la situazione più problematica rispetto ad altre razze di cani.

Le orecchie sono una delle aree più sensibili per il tuo Maltipoo e molti cani Maltipoo non amano che vengano loro toccate, poiché potrebbero essere sensibili al solletico. Come puoi insegnare al tuo Maltipoo a lasciarti maneggiare le sue orecchie?

Inizia a maneggiare le orecchie del tuo cucciolo dal primo giorno in cui lo porti a casa. Toccagli le orecchie, massaggiale e guarda all'interno mentre parli con il tuo cucciolo. Fallo a giorni alterni. Questo aiuterà il tuo Maltipoo a non avere orecchie eccessivamente sensibili quando sarà più grande.

Se hai adottato un Maltipoo più anziano a cui non piace che gli vengano toccate le orecchie, prova a toccargli le orecchie ogni giorno. Ogni volta, lodalo generosamente e dagli un premio. Cerca di toccargli le orecchie un po' più a lungo ogni giorno fino a quando non si abitua.

Come pulire le orecchie del tuo Maltipoo:

- Solleva le orecchie del tuo Maltipoo e controlla eventuali segni di infezione e detriti, come erba o sporco. Con un panno pulito e umido, pulisci delicatamente le orecchie e rimuovi il cerume.
- Controlla se ci sono piccoli tagli o graffi che il tuo Maltipoo potrebbe aver causato grattandosi le orecchie. Se c'è un taglio, puliscilo e lascia che guarisca da solo.
- Se noti un forte odore provenire dalle orecchie del tuo Maltipoo, è un segno sicuro di infezione. Dovresti portare il tuo Maltipoo dal veterinario il prima possibile. Vai dal veterinario anche se noti gonfiore o calore in un punto dell'orecchio.
- Usando le pinzette, rimuovi eventuali peli lunghi dalle orecchie, poiché questi possono portare a infezioni se non vengono rimossi.

Unghie

Le unghie del Maltipoo crescono proprio come le nostre. La frequenza con cui le unghie del tuo Maltipoo dovranno essere tagliate dipenderà principalmente dal tipo di attività che il tuo Maltipoo svolge regolarmente. Ad esempio, se il tuo Maltipoo cammina regolarmente sul pavimento, le sue unghie si consumeranno più velocemente rispetto a un cane che cammina sull'erba. Il cane che cammina solo sull'erba avrà bisogno di tagliare le unghie più spesso.

Puoi tagliare le unghie del tuo cane da solo o puoi farlo fare al tuo toelettatore.

Come tagliare le unghie del tuo Maltipoo:

Se decidi di tagliare le unghie del tuo Maltipoo da solo, dovrai investire in un paio di tagliaunghie progettati per cani piccoli e avere a portata di mano dell'amido di mais.

Assicurati che il tuo cucciolo sia stanco e tieni delicatamente una delle sue zampe nella tua mano. Esamina attentamente le unghie e cerca di identificare il letto ungueale; sanguinerà se tagliato e farà davvero male al tuo cucciolo.

Il letto ungueale è facile da identificare nei cuccioli di Maltipoo di colore più chiaro perché puoi vedere una linea rosa nell'unghia, mentre è più difficile da notare nei cani di colore più scuro. Una volta identificato il letto ungueale, vorrai tagliare circa due millimetri sotto di esso. Segui le istruzioni fornite con i tuoi tagliaunghie. La maggior parte dei tagliaunghie per cani deve essere tenuta in modo perpendicolare all'unghia, una differenza rilevante rispetto ai tagliaunghie per unghie umane, che devono essere tenuti paralleli all'unghia.

Cerca di lavorare velocemente e non sorprenderti se il tuo cucciolo cerca di allontanarsi da te. Se guaisce o piange, significa che hai tagliato il letto ungueale. Presto inizierà a sanguinare, quindi metti rapidamente la zampa del tuo Maltipoo nell'amido di mais: ciò fermerà il sanguinamento.

Potresti non essere in grado di tagliare più di una zampa per ogni sessione o forse anche solo un'unghia alla volta. Non c'è una regola che dice che devi tagliare tutte le unghie del tuo Maltipoo in una sola seduta. Potresti anche optare per farne solo una al giorno.

Alcuni cani non hanno problemi a farsi tagliare le unghie, ma la maggioranza protesterà e cercherà di scappare.

Come accennato sopra, dal primo giorno in cui porti a casa il tuo cucciolo, abitualo a farti tenere le sue zampe e toccare le sue unghie. Con il tempo, non avrà più problemi a farti tenere le sue zampe.

Momento pedicure per il tuo Maltipoo

Molti proprietari di Maltipoo amano coccolare i loro cuccioli. Li mantengono ben toelettati, puliti e, soprattutto, amano decorare le loro unghie con un tocco di colore. Se decidi di dipingere le unghie del tuo Maltipoo con lo smalto, ecco alcuni semplici suggerimenti da tenere a mente.

- I cuccioli di Maltipoo sono curiosi per natura e amano leccare o assaggiare cose che sono nuove per loro. Per questo motivo, non è consigliabile utilizzare smalto per unghie umano poiché contiene sostanze chimiche che possono essere tossiche se consumate e, considerando le dimensioni del tuo Maltipoo, tale tossicità può essere fatale. Usa solo smalto appositamente per cani.
- Prima di applicare lo smalto per cani, controlla le unghie del tuo Maltipoo per eventuali crepe o tagli. Lo smalto e il solvente per unghie possono ferire la pelle del tuo cane.
- Dopo aver applicato lo smalto, osserva attentamente il tuo Maltipoo: se lo mastica significa che verrà ingerito, il che porterà a un mal di

stomaco. Normalmente, quando i cuccioli di Maltipoo si mordono le unghie, è un segno che sono stressati. Non sacrificare mai la salute del tuo cucciolo per motivi estetici.

Suggerimenti utili per la cura delle unghie e delle zampe del tuo Maltipoo

I cuccioli di Maltipoo sono cani da interno, ma amano uscire per una passeggiata vivace. Durante i mesi invernali, tuttavia, le zampe del tuo piccolo Maltipoo potrebbero iniziare a seccarsi a causa del freddo pungente all'esterno e del calore secco all'interno della tua casa.

Come puoi proteggere le zampe del tuo cane da screpolature e secchezza?

Puoi applicare una piccola quantità di olio di cocco sulle sue piccole zampe; questo aiuterà a prevenire che le unghie si spezzino e la pelle si screpoli. Ricorda solo di usarne una quantità molto piccola, poiché cercherà di leccarlo via. L'olio di cocco non è tossico per il tuo Maltipoo, ma contiene calorie non necessarie.

Se decidi di non tagliare le unghie del tuo cane, sappi che stai giocando col fuoco: le unghie lunghe e non tagliate possono facilmente spezzarsi, portando a un'infezione. Inoltre, le unghie lunghe possono essere molto scomode quando cammina, facendolo zoppicare, il che potrebbe portare a problemi di postura in futuro.

La verità è che nessuno gode davvero del processo di tagliare le unghie del tuo Maltipoo, né il tuo cucciolo né tu stesso, ma è un processo di toelettatura molto importante che non dovrebbe mai essere trascurato.

Cera per zampe fai-da-te

Questa è una ricetta molto semplice ed economica per preparare una cera per le zampe del tuo Maltipoo. Contiene ingredienti che non sono tossici per il tuo cane e lo proteggeranno dalle sostanze chimiche aggressive sul terreno in inverno o dal cemento bollente in estate. È anche un ottimo regalo per altri proprietari di animali domestici.

INGREDIENTI:

- 85 grammi di cera d'api
- 3 cucchiai di olio di cocco
- 3 cucchiai di olio di avocado
- 3 cucchiai di olio di calendula (se non riesci a trovare l'olio di calendula, sostituiscilo con olio di avocado o di cocco)

ISTRUZIONI:

1. Fornello: metti tutti gli ingredienti in una pentola e falli sciogliere. Mescola occasionalmente. Versa in un contenitore di plastica o metallo, lascia raffreddare 20 minuti e la cera è pronta per l'uso.

2. Microonde: metti tutti gli ingredienti in una ciotola di vetro e falli sciogliere. Mescola occasionalmente. Versa in un contenitore di plastica o metallo, lascia raffreddare 20 minuti e la cera è pronta per l'uso.

Denti

"Mantenere i denti del tuo Maltipoo puliti e le gengive sane è molto importante. Puoi scegliere tra molti tipi diversi di crocchette, ma le crocchette secche sono le migliori per i loro denti. Anche fornire giocattoli specificamente progettati per la pulizia dei denti è importante."

Rebecca Posten
riversidepuppies.biz

La buona notizia sui denti del tuo Maltipoo è che non sono soggetti alle carie come i tuoi denti.

Un vecchio detto popolare afferma che non c'è niente di più pulito della bocca di un cane. Purtroppo, questo non è così vero. Tutti i cani, compresi i Maltipoo, possono sviluppare accumulo di tartaro e placca, nonché gengivite. I denti gialli e l'alito cattivo non sono il peggio; il tuo Maltipoo può avere gli stessi problemi dentali che affronti tu. Questi problemi dentali possono portare a infezioni che possono causare malattie cardiache, epatiche e renali, e persino essere fatali. La buona notizia è che i problemi dentali possono essere evitati praticando una semplice cura dentale per cani. Quindi, come puoi prenderti cura dei denti del tuo Maltipoo?

Come addestrare il tuo Maltipoo a lasciarti spazzolare i suoi denti:

Come per qualsiasi tipo di addestramento del cane, è fondamentale iniziare a insegnare il nuovo comportamento il prima possibile. Più aspetti ad abituare il tuo Maltipoo a farsi spazzolare i denti, più è probabile che non accada. Il tuo cane probabilmente diventerà molto agitato quando gli toccherai la bocca e avrai paura di provare.

Inizia ad addestrare il tuo Maltipoo all'igiene dentale mentre è ancora un cucciolo, quando sarà più adattabile e accomodante riguardo al contatto con i suoi denti.

I primi giorni, lascia semplicemente che il tuo Maltipoo assaggi il dentifricio. Mettine una quantità molto piccola sulla punta del tuo dito e lascia che il tuo cane la lecchi. Se scopri che non è troppo entusiasta del sapore, passa a un altro. Usa un dentifricio speciale progettato per cani: il dentifricio umano contiene fluoro, che è estremamente tossico per i cani e può causare insufficienza renale che porta alla morte. Non usare mai il tuo dentifricio per pulire i denti del tuo cane.

Dal primo giorno in cui porti a casa il tuo Maltipoo, inizia a strofinare le dita sulle sue gengive e sui denti. Fallo ogni giorno fino a quando non inizierai a spazzolargli effettivamente i denti: questo aiuterà il tuo cane ad abituarsi a farsi toccare i denti, rendendo più facile la pulizia di quest'area in futuro.

Una volta che si è abituato a farti toccare regolarmente le sue gengive e denti, introduci lo spazzolino. Per farlo sentire più a suo agio con la procedura, magari spazzola solo due denti alla volta fino a quando non si abitua alla pratica.

Le prime volte che spazzoli i denti del tuo cane, potrebbe verificarsi un leggero sanguinamento. Questo non dovrebbe preoccuparti, ma un sanguinamento abbondante che continua dopo la spazzolatura può essere indicativo di una mano troppo pesante o di malattia gengivale. Consulta il tuo veterinario per un consiglio.

Come spazzolare i denti del tuo Maltipoo:

1. **Scegli il momento giusto :** il momento migliore per spazzolare i denti del tuo Maltipoo è quando è rilassato e calmo. L'obiettivo è stabilire una routine quotidiana per spazzolargli i denti, se possibile. Se ha una bocca sana, puoi spazzolargli i denti tre volte a settimana. Scegli un programma e rispettalo.

2. **Tieni pronti gli strumenti :** assicurati di avere un dentifricio progettato per cani; uno dei sapori più popolari è il burro di arachidi. Usa uno spazzolino a setole morbide progettato per cani piccoli o uno spazzolino da dito. Assicurati di avere un premio pronto da dare al tuo cucciolo come ricompensa per il buon comportamento. Metti il dentifricio sullo spazzolino.

3. **Posizione corretta :** entrambi dovete essere comodi. Evita di stare sopra il tuo Maltipoo o di tenerlo fermo con forza; questo farà sentire minacciato il tuo amico peloso. Inginocchiati accanto al tuo Maltipoo o mettilo al tuo livello. Assicurati che il tuo Maltipoo non si senta mi-

nacciato. Dovrebbe essere in posizione seduta e tu dovresti essere al suo stesso livello.

4. **Controlla le gengive :** applicando una leggera pressione, strofina leggermente le tue dita pulite lungo le gengive del tuo cane. Questo le prepara per lo spazzolino e ti aiuta anche a vedere se ci sono ferite o denti rotti.

5. **Ora dello spazzolino :** solleva il labbro superiore del tuo Maltipoo e, reggendo lo spazzolino a un angolo di 45 gradi, tocca dove le gengive e i denti si incontrano. Muovi lo spazzolino con un movimento circolare, rimuovendo qualsiasi placca o tartaro che si è formato. Concentrati sui denti posteriori, poiché è lì che la placca tende ad accumularsi. Punta a spazzolare i denti per circa due minuti al massimo.

6. **Rassicura il tuo cucciolo :** per tutto il tempo in cui stai spazzolando i denti del tuo Maltipoo, parlagli con voce rassicurante, lodandolo per essere un cane così bravo. Questo lo manterrà rilassato e a suo agio.

7. **Momento della ricompensa :** una volta finito di spazzolare, è il momento di premiare il tuo cane con il suo premio preferito e un po' di tempo di gioco speciale con te.

Segnali di avvertimento che il tuo Maltipoo ha problemi dentali:

Guarda la bocca del tuo cane settimanalmente e, se noti uno dei seguenti sintomi, porta il tuo Maltipoo dal veterinario il prima possibile.

- Alito cattivo (non solo alito da cane)
- Un cambiamento nelle abitudini di masticazione o alimentazione del tuo cane
- Ripetuto toccarsi la bocca o il muso con la zampa
- Depressione, non voler mangiare o giocare
- Salivazione eccessiva
- Denti mancanti (dopo il periodo della dentizione)
- Denti scoloriti o rotti
- Gengive rosse, gonfie o sanguinanti
- Crescite o protuberanze all'interno della bocca
- Un accumulo di tartaro giallastro-marrone vicino alla linea gengivale

Come influiscono i problemi dentali sul tuo Maltipoo?

Il tartaro dentale o la placca che si accumula lentamente sui denti del tuo cane è composto per circa l'ottanta per cento da batteri che danneggiano le gengive, l'osso sotto le gengive e i legamenti che tengono i denti al loro posto. Una volta che questi batteri hanno accesso al flusso sanguigno, iniziano a infettare il cuore, i polmoni e i reni. Le malattie dentali avanzate sono molto dolorose per il tuo cane e per il tuo portafoglio. L'unico modo per prevenirle è spazzolare regolarmente i denti del tuo cucciolo.

Quanto spesso il veterinario dovrebbe controllare i denti del mio Maltipoo?

Dovremmo far controllare professionalmente i nostri denti ogni sei o dodici mesi. Proprio come noi, anche il nostro cane ha bisogno di far controllare i suoi denti con cadenza semestrale o annuale.

Il tuo veterinario può dare un'occhiata alla bocca del tuo cane quando il tuo Maltipoo si sottopone al suo controllo annuale. Assicurati solo che quando prendi l'appuntamento, il veterinario abbia abbastanza tempo per fare un controllo di igiene dentale.

Fornire al tuo cane la corretta igiene orale sembra un fastidio, ma una corretta manutenzione dentale può essere un grande risparmio di denaro in futuro. Non pulire i denti del tuo Maltipoo può portare a costose e spesso molto dolorose visite dal veterinario nel prossimo futuro. Molto spesso, il tuo cane dovrà essere sottoposto ad anestesia per far eseguire la pulizia a denti e gengive se è presente un brutto accumulo di tartaro.

Prenditi il tempo ora per mantenere pulita la bocca del tuo cane e avrete entrambi qualcosa per cui sorridere in futuro.

Come rafforzare i denti del tuo Maltipoo:

Un modo per pulire i denti del tuo cane è dargli cibo croccante. Il cibo morbido tende a incastrarsi e causare carie, mentre il cibo secco e croccante per cani aiuta a pulire i denti.

Inoltre, sul mercato ci sono molti giocattoli da masticare che sono specificamente progettati per rafforzare i denti e le gengive del tuo cane. Puoi trovarli nel tuo negozio di articoli per animali locale. Evita di scegliere giocattoli da masticare duri, poiché potrebbero portare a un dente rotto ed eventualmente causare un'infezione.

Inoltre, tutti i cani amano masticare ossa. Masticare un osso aiuterà a tenere lontano l'accumulo di tartaro e a rafforzare i denti.

Questi suggerimenti non sono destinati a sostituire la regolare pulizia dei denti del tuo cane, ma ad aiutarti a promuovere una buona igiene dentale. Ti limiteresti a masticare una gomma e usare un collutorio, anziché lavarti i denti? No, sai che il modo migliore per pulirti i denti è con uno spazzolino e dentifricio. Lo stesso vale per il tuo piccolo cucciolo di

Maltipoo: cibo secco per cani, giocattoli da masticare e ossa non sono sufficienti.

Denti da latte (primari) trattenuti:

I cani piccoli come i Maltipoo spesso non perderanno i loro denti da cucciolo o da latte a causa della loro piccola mascella. Dovranno essere estratti da un veterinario autorizzato per permettere ai denti adulti di crescere. Spesso, questo viene fatto quando il tuo cucciolo viene castrato o sterilizzato.

Se i denti da cucciolo non vengono rimossi, causeranno sovraffollamento in una mascella già piccola e i denti adulti non saranno in grado di crescere dritti. Denti storti e irregolari fanno sì che il cibo rimanga incastrato e che la placca si accumuli. Questo accumulo di placca porta alla crescita batterica, causando alito cattivo e malattie gengivali e dentali.

Malattia parodontale:

Questa è una malattia gengivale canina causata dall'accumulo di placca sui denti. Oltre l'80% di tutti i cani soffre di questa condizione perché i loro proprietari non si sono presi cura dei denti del loro cane. Questa malattia può essere completamente evitata pulendo regolarmente i denti del tuo cucciolo.

La malattia parodontale è una malattia dolorosa che causa infelicità al tuo Maltipoo. Può rendere doloroso mangiare e alcuni dei batteri potrebbero infettare il cuore, il fegato e il cervello.

Se noti che il tuo Maltipoo inizia ad avere l'alito cattivo, potrebbe essere un segno di malattia gengivale causata dall'accumulo di placca sui suoi denti.

In secondo luogo, se noti che il tuo Maltipoo sbava eccessivamente, potrebbe indicare la presenza di malattia gengivale. Il tuo cane potrebbe provare dolore o le sue ghiandole salivari potrebbero essere dolenti e infiammate a causa dei batteri nella sua bocca. Sarebbe saggio chiamare il tuo veterinario e fissare un appuntamento.

Foto di Amanda Hazy

Strumenti necessari per la toelettatura

Ecco un elenco di base dei prodotti di cui avrai bisogno per toelettare il tuo Maltipoo. La necessità di dotarti di tutti questi prodotti dipenderà dalla decisione di ricorrere a un toelettatore professionista o al fai-da-te.

Questi sono suggerimenti per aiutarti a iniziare, ma non è necessario correre fuori e acquistare tutti questi articoli prima di portare il tuo Maltipoo a casa per la prima volta. Puoi acquisire articoli aggiuntivi nel tempo, quando ne hai bisogno.

Attrezzatura necessaria per toelettare il tuo Maltipoo

- **Spazzola con setole :** questo tipo di spazzola rimuoverà peli vecchi, sporco o detriti. Stimolerà la pelle del tuo Maltipoo, migliorerà la sua circolazione e aggiungerà lucentezza al suo mantello. Sii delicato per evitare di ferire il tuo cane.
- **Spazzola a spilli :** questa è simile alla spazzola a setole, ma ha setole più distanziate con un rivestimento in gomma sulle punte per una spazzolatura più delicata. I toelettatori normalmente usano questa spazzola dopo la spazzola a setole, per rendere soffici i peli del cane.
- **Spazzola slicker :** questa spazzola ha setole corte di filo metallico disposte a stretto contatto su una superficie rettangolare. È uno strumento ideale per rimuovere nodi e grovigli dal pelo del tuo Maltipoo. I toelettatori le usano anche per rendere il mantello del cane liscio e lucente.
- **Tagliatori di nodi :** il nome spiega lo scopo di questa spazzola. I taglianodi sono disponibili in tre stili diversi: stile tagliacarte, stile rasoio di sicurezza e stile lama curva. Questi strumenti vengono utilizzati per dividere il pelo annodato in grovigli più piccoli senza causare troppo disagio al tuo cucciolo.
- **Pettini :** i pettini sono estremamente utili per rimuovere i nodi perché possono arrivare alla radice del nodo o del groviglio e al entarlo lentamente. Alcuni pettini hanno denti rotanti, il che rende la rimozione dei grovigli molto più facile senza bisogno di tirare il pelo del tuo Maltipoo.
- **Pettine antipulci :** ancora una volta, il nome descrive lo scopo di questo pettine. È progettato per rimuovere le pulci dal mantello del tuo cane. Il pettine per pulci è molto piccolo, quindi può adattarsi a spazi difficili da raggiungere, come dietro le orecchie, nelle ascelle, ecc.
- **Forbici :** è una buona idea investire in un paio di forbici di alta qualità per accorciare il pelo intorno agli occhi tra le sessioni di toelet-

tatura o per rimuovere un nodo problematico che non vuole essere spazzolato.

- **Shampoo e balsamo :** assicurati che la marca che scegli sia stata progettata per i cani e per il tipo di pelo del tuo Maltipoo. Segui le istruzioni sulla bottiglia.
- **Due panni da bagno :** te ne servirà uno per lavare il tuo cane e uno per coprirgli gli occhi durante il risciacquo.
- **Due asciugamani grandi :** per asciugare il tuo cucciolo dopo il bagno
- **Garze sterili :** per pulire le orecchie.
- **Pinzette :** per strappare eventuali peli che crescono dalle orecchie.
- **Balsamo senza risciacquo :** per prevenire nodi e grovigli, questo può essere spruzzato sul pelo dopo la toelettatura. Segui le istruzioni sulla bottiglia.
- **Spazzolino e dentifricio :** puoi acquistare un dentifricio e uno spazzolino progettati per cani nel tuo negozio di articoli per animali locale. Potresti dover sperimentare con diversi sapori di dentifricio fino a trovare quello che il tuo Maltipoo tollera.
- **Tagliaunghie :** questi sono disponibili in tutte le forme e dimensioni, ma vorrai sceglierne uno progettato per cani più piccoli.
- **Cera per zampe :** questo può essere acquistato nel tuo negozio di animali locale; serve a proteggere le zampe del tuo Maltipoo quando è all'esterno durante i mesi freddi dell'inverno e i mesi caldi dell'estate.

Andare dal toelettatore

I cuccioli di Maltipoo sono la prole di due razze di cani con pelo che richiede cure e attenzioni speciali. I Barboncini hanno il pelo riccio e folto e i Maltesi hanno il pelo liscio e fine. Entrambe le razze richiedono una toelettatura professionale, quindi è ragionevole aspettarsi che anche il Maltipoo avrà bisogno di essere toelettato professionalmente.

Le prime impressioni durano

Vuoi che la prima impressione del tuo Maltipoo sul toelettatore sia positiva. Dovresti cercare di trovare un toelettatore che sia altamente raccomandato e assicurarti che sia disposto a toelettare il tuo cucciolo, poiché alcuni toelettatori accettano solo determinate razze.

Come puoi rendere positiva la prima visita del tuo cucciolo dal toelettatore?

Organizza un appuntamento di incontro e saluto con il tuo toelettatore qualche giorno prima della toelettatura effettiva. Il toelettatore può incontrare il tuo Maltipoo e giocare con lui per qualche minuto. Porta alcuni dei premi preferiti del tuo cucciolo in modo da darli al toelettatore per aiutarlo a fare una buona impressione sul tuo Maltipoo.

Mentre si salutano, cerca di allontanarti per qualche minuto. Questo aiuterà il tuo cucciolo a capire che stai tornando e che non lo stai abbandonando con questa persona estranea.

Incontrare e salutare il toelettatore aiuterà a rompere il ghiaccio il giorno della toelettatura effettiva. Quando tornerai per l'appuntamento, il tuo cucciolo assocerà il toelettatore a qualcosa di positivo: ricevere premi ed essere accarezzato. Questo renderà meno traumatico lasciare per la prima volta il tuo cucciolo dal toelettatore sia per te che per lui.

Quando fissi l'appuntamento per incontrare il toelettatore per la prima volta, assicurati che sia in un momento in cui non ci sono altri cani nei locali. Questo potrebbe intimidire il tuo piccolo Maltipoo, facendolo stressare e turbare.

Quando il mio cucciolo di Maltipoo dovrebbe andare dal toelettatore per la prima volta?

Intorno ai quattro mesi è l'età consigliata per iniziare ad andare dal toelettatore. Prima di questa età, il tuo piccolo cucciolo è troppo iperattivo per stare fermo e lasciarsi tagliare il pelo. La maggior parte dei toelettatori professionisti non accetterà un cucciolo più giovane di quattro mesi perché sa che le possibilità di tagliare accidentalmente il cucciolo sono maggiori.

È davvero necessario toelettare il mio cucciolo di Maltipoo?

Cosa succederà al pelo del tuo Maltipoo se non lo farai tagliare regolarmente?

La stessa cosa che succederebbe ai capelli umani: svilupperà doppie punte. Questo porterà a una maggiore perdita di pelo, il che significherà più lavoro per te per pulire i peli di cane in giro per la casa e sui tuoi vestiti. Le doppie punte possono anche indebolire i follicoli piliferi, rendendo il pelo più soggetto a formare nodi, il che significa più lavoro per te con la spazzolatura e il taglio degli infiniti nodi che appariranno ogni giorno.

Quando i cuccioli di Maltipoo non sono ben toelettati, formeranno rapidamente nodi su più nodi. La pelle sotto quei nodi diventa rossa e infiammata, perché il pelo la tira e la strattona. Se i nodi non vengono tagliati in tempo, la pelle infiammata può infettarsi, portando a più problemi di salute.

Quindi, alla lunga, far toelettare professionalmente il tuo Maltipoo ti farà risparmiare molto tempo ed energia. La toelettatura regolare è una parte essenziale della salute del tuo Maltipoo, non solo una procedura estetica.

Che tipo di taglio dovrebbe avere il mio Maltipoo?

Un buon toelettatore guarderà il tuo Maltipoo e ti dirà che tipo di taglio è più adatto al suo tipo di pelo. Non ci sono tagli standard per un Maltipoo, ma in generale, più corto è il taglio, più facile è da mantenere e curare. Un taglio comune per un Maltipoo è il taglio a cucciolo o a leone, dove tutto il pelo sul corpo è tagliato piuttosto corto ma lasciato più lungo sulla testa, sulle zampe e sulla coda. È adorabile!

Prima di scegliere un taglio specifico, assicurati di fare al tuo toelettatore queste domande:

1. Come posso mantenere questo taglio quotidianamente?
2. Come posso mantenere il mio cane in forma ottimale?
3. Quando dovrebbe tornare per un taglio e un lavaggio?

Quando fissi un appuntamento, chiedi se il bagno e il taglio delle unghie sono inclusi nel prezzo.

È davvero necessario utilizzare un toelettatore professionista?

Potrebbe essere una tentazione risparmiare qualche soldo, ma davvero, pagare un toelettatore professionista vale ogni centesimo. Perché? È un lavoro che richiede molta abilità, formazione e attrezzature speciali.

Lasceresti che chiunque ti tagli i capelli o ti faccia una manicure? Certo che no! Potrebbero farti sembrare orribile e sciocco, o addirittura farti male mentre ti tagliano le unghie perché non sono stati adeguatamente formati.

Lo stesso vale per il tuo cucciolo. Potresti toelettarlo tu stesso, ma rischi di dargli un taglio dall'aspetto sciocco o addirittura di ferirlo. Il tuo Maltipoo non capisce la necessità di stare fermo per una toelettatura e potrebbe rendere estremamente complicato tagliargli i peli. È meglio lasciare la toelettatura al tuo toelettatore professionista.

Suggerimenti che il tuo toelettatore vorrebbe che tu conoscessi:

Questi sette consigli gioveranno al benessere fisico ed emotivo del tuo Maltipoo e renderanno il lavoro del tuo toelettatore più piacevole.

1. **Prepara il tuo cane** : dal giorno in cui porti a casa il tuo cucciolo, abitualo a essere toccato in aree sensibili o che provocano il solletico come le zampe, le orecchie e sotto le zampe (ascella).

   È l'incubo di ogni toelettatore dover tagliare le unghie di un cane quando è nervoso e turbato, se non sopporta che gli vengano toccate le zampe. Assicurati che il tuo cucciolo sia abituato a essere toccato. Il tuo toelettatore non vuole mettere la museruola al tuo cucciolo di Maltipoo, ma potrebbe doverlo fare se il tuo cucciolo cerca di mordere ogni volta che viene toccato.

2. **Inizia la toelettatura il prima possibile** : i cuccioli sono più adattabili dei cani più anziani. Ecco perché i toelettatori vorrebbero che tutti i genitori di cani iniziassero a toelettare i loro cuccioli entro i quattro mesi di età. Inoltre, prima inizi, meno annodati diventeranno i suoi peli.

   Più vecchio è il cane, più traumatica sarà l'esperienza. Non cadere mai nella trappola di pensare che il tuo cucciolo non ha ancora bisogno di essere toelettato. Più rimandi, più soffriranno sia il tuo cucciolo che il toelettatore.

3. **Spazzola regolarmente** : Il pelo del tuo Maltipoo è come i tuoi capelli: se non ti spazzoli i capelli per un paio di giorni, sembreranno disordinati e diventeranno aggrovigliati e annodati. Lo stesso vale per il tuo Maltipoo. Meno spazzoli il suo pelo, più difficili saranno da rimuovere quei nodi e grovigli.

   Inoltre, spazzolare regolarmente il tuo cucciolo lo aiuta a non essere eccessivamente sensibile in certe aree e ad abituarsi a essere toccato. Questo lo aiuterà a non sentirsi nervoso e turbato durante le sessioni di toelettatura.

   Come accennato prima, i nodi possono essere un problema serio e causare l'irritazione della pelle del tuo Maltipoo. I nodi che non vengono curati possono diventare molto più difficili da rimuovere e, in quei casi, il tuo toelettatore dovrà semplicemente rasare il pelo.

4. **Dai istruzioni chiare** : I toelettatori non possono leggere nella tua mente e lavorano con diversi cani ogni giorno, quindi sii chiaro e specifico su ciò che vuoi fare. Se vuoi un certo taglio per il tuo Maltipoo, porta una foto da mostrare al tuo toelettatore. Se vuoi solo

117

le unghie tagliate e un taglio veloce, sii specifico. La comunicazione è la chiave perché l'esperienza sia positiva per tutti e tre.

5. **Ascolta i consigli del toelettatore :** Un toelettatore ha ricevuto una formazione professionale su come toelettare il tuo cane. Questo significa che avrà un'idea generale di quale tipo di taglio sarà più carino sul tuo cucciolo e quale sembrerà orribile. Se il tuo toelettatore suggerisce qualcosa di diverso da ciò che volevi, ascolta i suoi suggerimenti e considerali sinceramente.

6. **Mantieni la calma e non restare a guardare :** Quando lasci il tuo cucciolo dal toelettatore, sii calmo e rilassato: il tuo animale può percepire sia le tue vibrazioni negative che positive. Se sei stressato perché stai lasciando il tuo piccolo tesoro dal toelettatore, è probabile che lo sarà anche lui, portando a un'esperienza scomoda sia per il tuo cane che per il toelettatore.

   A proposito, non passare a vedere se il tuo animale ha finito o solo per guardare. Il tuo cucciolo sentirà la tua voce e si ecciterà, rendendo la toelettatura quasi impossibile.

7. **Lava via tutto :** Molti proprietari di animali domestici temono che fare il bagno al loro Maltipoo troppo spesso secchi la pelle del loro cane. Questo non è un problema se scegli lo shampoo corretto. Se non sei sicuro di quale tipo di shampoo usare, chiedi al tuo toelettatore una raccomandazione.

   Lavaggi frequenti rendono il lavoro del tuo toelettatore più facile e aiuteranno a prevenire futuri problemi di pelle.

Ghiandole anali

Le ghiandole anali, chiamate anche sacche anali, sono due piccole tasche che si trovano su entrambi i lati dell'ano in posizione "ore quattro e ore otto". Queste sacche si svuotano attraverso un piccolo dotto nell'ano. Ogni sacca è piena di ghiandole sebacee e molte ghiandole sudoripare. Quando la sostanza secreta combinata viene rilasciata, è un fluido brunastro dall'odore terribile.

I cani marcano il loro territorio e si identificano a vicenda usando questa sostanza maleodorante prodotta nelle loro ghiandole anali. Ecco perché i cani spesso si annusano a vicenda il posteriore. Serve anche come lubrificante per aiutare la loro cacca a uscire senza problemi.

Quando stai toelettando il tuo Maltipoo, dovrai controllare le sue ghiandole anali. Se lo stai facendo toelettare professionalmente, chiedi al veterinario di controllare e assicurarsi che le ghiandole non siano impattate.

I cani piccoli come i Maltipoo sono soggetti a malattie delle ghiandole anali, specialmente se sono un po' in sovrappeso. Normalmente, quando un cane fa la cacca, il fluido nelle sacche anali viene spinto fuori; il problema inizia quando le sacche non sono completamente svuotate. Il fluido rimasto nelle sacche diventa secco e denso, il che fa sì che l'apertura si ostruisca e le ghiandole inizino a presentare problemi.

Come puoi capire se le ghiandole anali sono impattate?

Questi sono quattro segni comuni di una ghiandola anale ostruita:

- Cattivo odore proveniente dal posteriore del cane
- Strisciamento del sedere
- Stitichezza o segni di dolore quando fa la cacca o si siede
- Tentativo di leccarsi o mordersi il posteriore

Come puoi prenderti cura delle sacche anali?

Le sacche anali sono molto facili da curare. Per svuotarle, basta spremere delicatamente vicino all'ano. È una buona idea farlo prima di fare il bagno al tuo cane ogni tre settimane, così puoi lavare via l'odore puzzolente.

1. **Preparati :** indossa vestiti vecchi e se trovi l'odore insopportabile, mettiti una molletta sul naso. Puoi indossare guanti di lattice usa e getta, se lo desideri.

2. **Carta assorbente :** piega diversi tovaglioli di carta per assorbire la sostanza sgradevole.

3. **Posiziona il tuo cane :** guardando il posteriore del tuo Maltipoo, con una mano solleva la coda e tieni il tovagliolo di carta il più vicino possibile all'ano.

4. **Spremitura :** usa il pollice e l'indice per spremere molto delicatamente alle posizioni delle quattro e delle otto, appena sotto l'ano. Assicurati che il tuo viso sia fuori strada, poiché è comune che il liquido schizzi fuori da lì.

5. **Pulisci :** getta via i tovaglioli di carta e lava il posteriore del tuo Maltipoo. Ancora una volta, è preferibile svuotare le sacche anali appena prima del bagno.

   Nota : quando spremi la sacca anale, se noti che non esce fluido, il tuo Maltipoo potrebbe avere una sacca ostruita, il che significa che avrà bisogno di vedere il veterinario presto.

Se scopri che il tuo cane ha spesso sacche anali ostruite, potresti dover aggiungere più fibre alla sua dieta. Questo aumenterà le dimensioni della sua cacca, il che metterà più pressione sulle sacche anali e spingerà facilmente fuori il fluido.

Se non trattate, le sacche anali possono infettarsi. Se noti fluido giallo o sangue che fuoriesce dalle sacche, porta il tuo Maltipoo dal veterinario. Il tuo veterinario dovrà pulire le sacche, il che sarà molto doloroso per il tuo cucciolo, e dargli antibiotici per alcuni giorni.

Un'infezione non trattata si trasforma in un ascesso pieno di pus; questo è estremamente doloroso per il tuo Maltipoo. Questo ascesso potrebbe rompersi in qualsiasi momento. Il tuo veterinario dovrà aprire l'ascesso e pulirlo. Il veterinario prescriverà antibiotici e medicine antinfiammatorie per aiutare il gonfiore a diminuire.

Se il tuo Maltipoo continua ad avere problemi con le ghiandole anali ostruite, il tuo veterinario potrebbe raccomandare di rimuoverle chirurgicamente. È un'operazione semplice, ma molte volte ha effetti collaterali come l'incontinenza fecale, dove la cacca fuoriesce incontrollabilmente.

Come puoi prevenire che il tuo Maltipoo abbia sacche anali ostruite?

- Dieta sana con molta fibra
- Molto esercizio
- Controlli regolari dal veterinario per controllare le sacche anali
- Non sovralimentare il tuo Maltipoo; più è in sovrappeso, maggiore è la possibilità di avere sacche anali ostruite.

E se il tuo cane non ti lascia toccare il suo posteriore?

Questo è un problema comune poiché l'area anale è estremamente sensibile.

Il modo migliore per far abituare il tuo cane a essere toccato in questa area è iniziare ad abituarlo fin dal primo giorno in cui lo porti a casa. I cuccioli sono più adattabili e questo aiuterà a prevenire che l'area diventi eccessivamente sensibile.

Se scopri che non hai proprio lo stomaco per pulire le ghiandole anali del tuo cane, puoi chiedere al tuo toelettatore o veterinario di farlo per te a un costo nominale.

Macchie di lacrime

Gli occhi acquosi causano macchie di lacrime, una condizione comune nei cani più piccoli. La razza Maltese in particolare soffre di macchie di lacrime; quindi, è naturale che il tuo piccolo Maltipoo abbia lo stesso problema. Le macchie di lacrime lasciano il pelo intorno agli occhi costantemente bagnato, facendolo macchiare.

A volte, le macchie di lacrime possono persino diffondersi intorno alla bocca e alle zampe del Maltipoo, ma questo è un caso estremo. Le macchie di lacrime lasceranno un colore rossastro rugginoso intorno agli occhi. Le macchie di lacrime possono essere causate da una serie di fattori diversi, tra cui minerali presenti nell'acqua potabile, un'infezione da lieviti o qualcosa che irrita gli occhi. Potrebbero anche essere allergie, scarsa qualità del cibo o dotti lacrimali bloccati.

Nota : Molti proprietari di Maltesi da esposizione professionisti danno da bere ai loro cani solo acqua distillata o in bottiglia. La maggior parte dell'acqua del rubinetto che beviamo è piena di minerali che irritano il tuo cane, facendolo piangere.

L'acqua del tuo Maltipoo potrebbe persino contaminarsi direttamente nella sua ciotola.

Hai mai notato un accumulo viscido che si trova sotto la superficie dell'acqua? Questa melma è chiamata biofilm, che è fondamentalmente un gruppo di diversi batteri che si sono uniti nella sostanza viscida che aderisce alla superficie della ciotola dell'acqua del tuo cane. Questa sostanza viscida è una miscela di batteri buoni e cattivi.

Questi batteri possono far ammalare il tuo cane?

Sì, possono sconvolgere il sistema del tuo Maltipoo provocandogli occhi acquosi e macchie di lacrime.

Possono anche causare mal di pancia e diarrea. Potenzialmente possono far ammalare anche te, quando prendi la ciotola dell'acqua sporca e la riempi senza nemmeno pensarci. Il modo migliore per evitare che la ciotola dell'acqua del tuo Maltipoo sviluppi biofilm è lavarla quotidianamente.

Come pulire le ciotole del tuo cane:

1. Lava le ciotole con acqua calda e sapone ogni giorno.
2. Usa un panno per i piatti che è destinato esclusivamente alle ciotole del tuo cane.

3. Se hai una lavastoviglie, mettile nel ciclo almeno una volta alla settimana per uccidere eventuali batteri indesiderati. Questo disinfetterà le ciotole.

Come disinfettare le ciotole del tuo cucciolo senza una lavastoviglie:

Prima opzione:

Immergi le ciotole in una miscela di due parti di acqua e una parte di candeggina per circa dieci minuti. Risciacqua abbondantemente con acqua.

Seconda opzione:

Usando le stesse quantità di acqua, bicarbonato di sodio e sale, mescola insieme per formare una pasta con cui strofinare le ciotole. Risciacqua abbondantemente con acqua.

I migliori tipi di ciotole per acqua e cibo sono fatti di acciaio inossidabile o ceramica. Le ciotole di plastica contengono coloranti che possono irritare il tuo Maltipoo. Molti proprietari di Maltesi e Maltipoo hanno dichiarato che le macchie di lacrime dei loro cuccioli erano di un colore rosso brillante, causato dalla loro ciotola dell'acqua rossa. Il miglior consiglio è evitare di usare ciotole di plastica.

Infezioni da lieviti

Esiste una possibilità molto minima che le macchie di lacrime del tuo Maltipoo siano causate da un'infezione da lieviti in queste aree. È lievito rosso ed è innocuo. Un ciclo di antibiotici lo eliminerà in poco tempo. Alcuni veterinari non considerano le macchie di lacrime un problema abbastanza serio da affrontare, ma se sei preoccupato, trova un nuovo veterinario che sia disposto ad ascoltare le tue preoccupazioni.

Irritazione agli occhi

Spesso, può capitare che un pezzo di pelo o ciglia punti nell'occhio e irriti il tessuto sensibile circostante, facendolo lacrimare. Dai un'occhiata da vicino agli occhi del tuo Maltipoo per assicurarti che non ci sia nulla al loro interno.

Assicurati di tagliare regolarmente intorno agli occhi del tuo cucciolo; questo aiuterà a prevenire lacrime e occhi acquosi. Inoltre, i peli più lunghi sono più propensi a intrappolare batteri e lieviti, che portano all'irritazione degli occhi.

Come puoi rimuovere le macchie di lacrime del tuo Maltipoo?

Puoi preparare una semplice pasta schiarente da applicare quotidianamente fino a quando le macchie scompaiono.

Combina un cucchiaio di latte di magnesia, un cucchiaio di acqua ossigenata e un cucchiaio di amido di mais; mescola insieme fino a formare una pasta densa. Potresti aver bisogno di aggiungere più amidc. Applica la pasta con attenzione sotto gli occhi del tuo Maltipoo, evitando che entri negli occhi. Usando un pettine fine o una spazzola per ciglia, spazzola la miscela lontano dagli occhi, attraverso le aree macchiate dalle lacrime. Lascia riposare per diverse ore, o ancora meglio, durante la notte.

Rimuovi la miscela con un panno umido. Applica quotidianamente fino a quando le macchie non sono scomparse.

Puoi anche acquistare un prodotto per rimuovere le macchie di lacrime nella maggior parte dei negozi di articoli per animali.

Una semplice soluzione fatta in casa che cambierà il pH delle lacrime del tuo cane e preverrà le macchie di lacrime è aggiungere un cucchiaino di aceto di mele biologico all'acqua del tuo cane ogni giorno. Più alta è l'alcalinità nelle lacrime del tuo cane, meno possibilità hanno batteri e lieviti di crescere.

Prima di rimuovere la macchia di lacrime, chiedi al tuo veterinario se potrebbero esserci condizioni di salute che causano le macchie di lacrime. Alcune macchie sono spesso causate da lesioni, infezioni, ciglia incarnite o corpi estranei incastrati nell'occhio.

Esercizio

Tutte le creature viventi hanno bisogno di esercizio. Anche se il tuo Maltipoo passerà la maggior parte del suo tempo dentro casa tua, avrà comunque bisogno di esercizio sia all'interno che all'esterno per mantenersi in salute.

L'esercizio mantiene il sangue del tuo cane fluido, i muscoli in buona forma e il suo piccolo cuore forte. Inoltre, avrà un appetito sano, dormirà meglio di notte e manterrà il suo peso sotto controllo.

L'esercizio promuove anche un buon comportamento. Gli studi hanno dimostrato che quando un cane fa abbastanza esercizio, i problemi comportamentali quasi scompaiono. Passeggiate regolari intorno all'isolato aiutano il tuo Maltipoo a sfogare tutta l'energia extra che ha; altrimenti quell'energia verrebbe utilizzata in modo negativo.

Esercizio all'aperto

"I Maltipoo non hanno bisogno dell'esercizio intensivo che i cani più grandi o 'da lavoro' richiedono. Amano le passeggiate e viaggiare, ma possono accontentarsi di correre nel tuo giardino."

Terry Schulte
valleypuppypaws.com

Il tuo Maltipoo amerà stare all'aperto all'aria fresca e giocare nell'erba; ricorda solo di usare cautela quando incontri altri cani fino a quando il tuo Maltipoo non ha ricevuto tutti i suoi vaccini.

Molte persone pensano che i cani piccoli come i Maltipoo non abbiano bisogno di esercizio, ma indipendentemente dalle loro dimensioni, tutti i cani hanno bisogno di esercizio. I Maltipoo non avranno bisogno di tanto esercizio quanto un cane più grande e non saranno in grado di correre lunghe distanze, ma avranno bisogno di qualche forma di attività quotidiana indipendentemente dalla loro età.

Poiché il tuo Maltipoo è così piccolo, dovresti prendere alcune precauzioni prima di portarlo all'esterno. I fattori più importanti da considerare sono il freddo e il caldo.

Tempo freddo : I Maltipoo possono raffreddarsi molto velocemente. Nei giorni più freddi, assicurati di mettere un maglione al tuo Maltipoo per proteggerlo dal freddo. Questo è ancora più importante se il pelo del tuo Maltipoo è del tipo liscio e setoso. Se la temperatura fuori è sotto lo zero, assicurati di limitare il tempo all'aperto a venti minuti alla volta.

I cani Maltipoo amano giocare nella neve, ma non lasciarli mai giocare nella neve senza supervisione.

Nelle zone nevose, sui marciapiedi e sulle strade viene utilizzata una sostanza chimica che scioglie il ghiaccio. Questa sostanza può causare danni alle zampe del tuo Maltipoo.

Per questo motivo, è consigliabile mettere stivaletti impermeabili sulle zampe del tuo cane durante la stagione nevosa. Oppure, puoi acquistare o preparare della cera per zampe per proteggere le piccole zampe del tuo migliore amico.

Tempo caldo : I cani Maltipoo hanno difficoltà nel caldo estremo. Per temperature superiori ai 30 gradi Celsius, sarebbe saggio limitare il tempo all'aperto del tuo Maltipoo a venti minuti alla volta. Prova a portare a spasso il tuo cane presto al mattino e tardi la sera, quando le temperature sono più ragionevoli.

I cani Maltipoo sono inclini a surriscaldarsi; questo può portare a una grave condizione di esaurimento da calore o colpo di calore.

Quando il tuo Maltipoo è fuori alle temperature menzionate sopra, assicurati di portare dell'acqua da bere lungo il percorso. Nel tuo negozio di articoli per animali locale puoi acquistare una ciotola d'acqua pieghevole che potrai facilmente portare con te.

Le superfici calde e il marciapiede potrebbero non sembrare caldi per te, ma tu indossi le scarpe. Per il tuo Maltipoo, è come camminare su carboni ardenti. Camminare su superfici calde può effettivamente bruciare le zampe del tuo cucciolo. Come per l'inverno, il consiglio è di mettere piccoli stivaletti al tuo Maltipoo o usare cera per zampe per proteggere le sue piccole estremità.

Quanto esercizio devi far fare al tuo Maltipoo?

I Maltipoo hanno bisogno di almeno trenta minuti di esercizio al giorno. L'ideale è far fare al tuo Maltipoo due passeggiate di venti minuti al giorno.

L'esercizio non significa solo passeggiate: può essere giocare a prendere, nascondino o qualsiasi attività cardio. Mantenere il tuo Maltipoo attivo lo aiuta a bruciare energia extra che potrebbe altrimenti occupare in cattivi comportamenti, come abbaiare o masticare i tuoi mobili.

Rischio di far camminare troppo il mio Maltipoo?

Questo dipende dal tipo e dalla durata della passeggiata. Normalmente, i Maltipoo possono essere portati a passeggio alcune volte al giorno fino a trenta minuti, ma i loro passi sono minuscoli rispetto ai nostri. Mille passi per noi saranno molte migliaia di passi per loro, quindi possono stancarsi abbastanza velocemente. Forme vigorose di esercizio come correre lunghe distanze o salire colline non sono raccomandate per il tuo Maltipoo.

Qual è il momento migliore per portare a spasso il mio Maltipoo?

Tutti i cani amano avere un programma regolare, specialmente i Maltipoo. Hanno un meraviglioso orologio interno che li aiuta a ricordare precisamente quando è ora di mangiare, andare in bagno, dormire o giocare. Si sentono molto delusi quando l'esercizio o il tempo di gioco viene cancellato.

Puoi decidere il programma che funziona meglio per portare il tuo piccolo Maltipoo fuori per una passeggiata. Molti proprietari di animali domestici trovano che una passeggiata al mattino e un'altra dopo cena è la routine che funziona meglio per loro. Cerca di evitare di portare a spasso il tuo Maltipoo troppo vicino all'ora di andare a letto, poiché sarà molto eccitato e avrà difficoltà ad addormentarsi una volta a casa.

Giochi al chiuso che il tuo Maltipoo amerà

Ci saranno giorni in cui stare fuori più di cinque minuti sarà quasi insopportabile a causa del freddo gelido, ma potrai comunque bruciare l'energia in eccesso del tuo Maltipoo giocando a giochi dentro casa tua. Un gioco che ogni Maltipoo adora è nascondino; potrebbero giocare a questo gioco per ore. Come puoi giocare a nascondino con il tuo cane?

Molti cani Maltipoo giocheranno a nascondino con te senza bisogno di giocattoli, ma altri cani hanno bisogno di vedere un giocattolo per iniziare a giocare. Quando giochi con un giocattolo, assicurati che il tuo cucciolo veda dove l'hai nascosto, magari sotto il divano o un piccolo cuscino sul pavimento. Poi, fai finta di cercarlo anche tu: il tuo Maltipoo, essendo molto intelligente, lo troverà per te. Quando ci riesce, lodalo generosamente. Una volta che ha padroneggiato questa parte del gioco, puoi renderlo più impegnativo: fai sedere il tuo cane lontano mentre nascondi il giocattolo oppure mostralo al tuo cane, poi nascondilo nell'altra stanza e chiedi al tuo Maltipoo di trovarlo.

Un altro gioco preferito è giocare con un cubetto di ghiaccio sul pavimento della cucina: puoi stare certo che il cubetto affascinerà il tuo cucciolo fino a quando non si sarà completamente sciolto. Questo è un ottimo gioco durante i mesi caldi dell'estate e per i cuccioli che stanno mettendo i denti.

Qualunque gioco tu decida di giocare con il tuo cucciolo di Maltipoo, dentro o fuori, assicurati che non debba saltare su o giù, poiché i Maltipoo sono inclini a rotule e articolazioni dell'anca lussate.

CAPITOLO SETTE
Esigenze alimentari del Maltipoo

I Maltipoo sono cani energici che amano mangiare.

Ogni cellula del nostro corpo è formata dal cibo che consumiamo, da ciò che beviamo e dall'aria che respiriamo. Letteralmente, siamo ciò che mangiamo. Il cibo che mangiamo influenza come ci sentiamo, il nostro aspetto, il nostro benessere generale, la nostra salute, l'umore e il peso. Molti di noi comprendono l'importanza di mangiare cibi integrali ed evitare quelli processati.

Il tuo Maltipoo mangia qualunque cosa tu gli dia. È fatto di quel cibo. Forse acquisti semplicemente le crocchette al supermercato senza pensarci troppo, ma questo approccio è davvero attento? Stai aiutando il tuo animale domestico a essere sano, oppure lo stai inconsapevolmente portando su una strada pericolosa?

Il modo in cui nutri il tuo Maltipoo avrà un effetto diretto sul suo futuro e sulla sua salute fisica. Ti sei impegnato a dare al tuo Maltipoo la migliore vita possibile dal primo giorno in cui lo hai portato a casa, ma come puoi prenderti cura correttamente delle sue esigenze nutrizionali?

In questo capitolo, discuteremo quanto e cosa dare da mangiare al tuo Maltipoo.

Fabbisogno nutrizionale quotidiano

Sia gli esseri umani che i cani hanno bisogno di nutrienti di base per sopravvivere. I cani necessitano di acqua, proteine, carboidrati, minerali e vitamine.

I cuccioli di Maltipoo hanno un metabolismo più veloce rispetto ai Maltipoo adulti, motivo per cui le loro esigenze nutrizionali differiscono leggermente. I cuccioli dovranno mangiare più spesso durante il giorno perché i loro stomaci sono ancora piccoli e non possono contenere molto cibo.

Durante i primi due anni di crescita, è importante che il tuo Maltipoo riceva i nutrienti adeguati che garantiscono la crescita ossea. In questo periodo, il tuo Maltipoo cresce estremamente velocemente e brucia più calorie rispetto a un cane più anziano: ecco perché è così importante che riceva la giusta quantità di nutrienti, minerali e vitamine necessari per crescere in modo sano.

Le esigenze alimentari umane cambiano durante le diverse fasi della nostra vita, a seconda dell'età e di altri fattori. Anche le esigenze alimentari dei cani cambiano in base alla fase della loro vita.

Il cibo che dai al tuo cane deve includere:

1. Energia che proviene dai carboidrati
2. Proteine
3. Grassi, compresi gli acidi grassi
4. Vitamine, minerali e micronutrienti

Foto di
Andrea Malachowski

Quanto e quando

"I Maltipoo possono avere stomaci sensibili. Dovrai evitare il cibo da tavola il più possibile. Dai un cibo secco di buona qualità completamente naturale."

Renee Banovich
www.aTender1sPuppies.com

Se dipendesse da loro, la maggior parte dei cani mangerebbero ininterrottamente per ventiquattro ore al giorno, sette giorni su sette. Pochi secondi dopo aver divorato il proprio pasto, possono già sbavare al pensiero di mangiare il pasto del loro proprietario. La maggior parte dei cani ama mangiare e mangiare, e il tuo Maltipoo non fa eccezione.

I Maltipoo possono soffrire di molti degli stessi disturbi che affrontiamo noi a causa dell'eccesso di cibo. Nutrire eccessivamente il tuo Maltipoo può causare aumento di peso e persino obesità, condizione che porta con sé una valanga di altri problemi di salute, come il diabete e l'insufficienza cardiaca.

La quantità di cibo di cui il tuo Maltipoo ha bisogno ogni giorno dipenderà dalla sua taglia, età e costituzione, dal metabolismo e dal livello di attività. Ogni Maltipoo è unico, proprio come le persone, e non tutti richiedono la stessa quantità di cibo.

Un Maltipoo estremamente attivo avrà bisogno di più calorie rispetto a un Maltipoo pigro. Anche il tipo di cibo deve essere preso in considerazione: più alta è la qualità del cibo, meno ne sarà necessario; più bassa è la qualità del cibo, più dovrai aumentare le quantità.

Evita di lasciare la ciotola del tuo Maltipoo costantemente piena, poiché è un modo garantito per avere un cane obeso.

Come puoi capire se il tuo Maltipoo è in sovrappeso?

Osservalo, cercando prima di individuare il suo girovita. Il tuo Maltipoo non dovrebbe avere l'aspetto di un tronco uniforme; le sue spalle dovrebbero essere più larghe per poi restringersi verso la vita e i fianchi. Poi, metti le mani sulla sua schiena con i pollici lungo la colonna vertebrale e con le dita cerca di sentire la gabbia toracica. Dovresti essere in grado di sentire le costole senza premere troppo forte. Se non ci riesci, è ora di una dieta e più esercizio.

Non dare mai da mangiare al tuo Maltipoo dalla tavola, poiché questo gli insegna un comportamento scorretto e lo incoraggia a mendicare e a mangiare troppo. Assicurati che tutti in famiglia seguano questa regola.

Quanto spesso dovresti nutrire il tuo Maltipoo?

Il consiglio è di nutrire i cani adulti due volte al giorno, una volta al mattino e una volta alla sera, intorno all'ora della tua cena. Questo ti aiuta a monitorare l'assunzione giornaliera del tuo cane e a mantenere la sua routine sincronizzata con la tua, oltre a far sì che faccia i bisogni in modo regolare.

I cuccioli dovrebbero fare diversi piccoli pasti al giorno fino a quando non sono educati a fare i bisogni; poi si consiglia di nutrirli tre o quattro volte al giorno fino a quando non hanno nove mesi, poiché il loro metabolismo lavora a pieno ritmo e hanno bisogno di più calorie.

Assicurati che il tuo cane abbia accesso ad acqua fresca tutto il giorno, ogni giorno.

Quanto dovresti nutrire il tuo Maltipoo?

L'età e il livello di attività del tuo cane determineranno quanto dovrebbe mangiare quotidianamente.

La maggior parte dei sacchetti di cibo per cani ha una tabella sul retro che spiega la porzione corretta da dare al tuo cane in base al suo peso e livello di attività. Assicurati di controllarla prima di dare il pasto al tuo Maltipoo. La tabella qui sotto ti darà un'idea di base della quantità di cibo che un cane di piccola taglia dovrebbe ricevere quotidianamente. La quantità potrebbe differire in base all'età, al metabolismo e al livello di attività del tuo Maltipoo. Non dimenticare di dividere la quantità a metà poiché i cani adulti mangeranno due volte al giorno.

PESO DEL CANE	QUANTITÀ GIORNALIERA
1,5 chilogrammi	40 – 60 grammi
2,5 chilogrammi	60 – 80 grammi
4,5 chilogrammi	90 – 125 grammi
10 chilogrammi	160 – 210 grammi

Cibo commerciale per cani vs. fatto in casa

Sono passati diversi anni dal grande richiamo di cibo per cani contaminato con melamina avve-nuto a livello internazionale. La melamina è un prodotto chimico industriale che può causare calcoli renali, insufficienza renale e infine la morte negli animali e negli esseri umani. L'Autorità europea per la sicurezza alimentare (EFSA) e il Ministero della Salute italiano attualmente non approvano l'uso della melamina in nessun prodotto alimentare per il consumo umano o anima-le. Questo enorme richiamo ha spinto molti proprietari di animali domestici a iniziare a prepa-rare il proprio cibo per cani.

Vediamo come il cibo commerciale per cani si confronta con il cibo per cani fatto in casa.

I regolamenti europei e italiani richiedono che il cibo per animali domestici sia "puro e sano" e "sicuro da mangiare per gli animali", ma il cibo per animali non necessita di approvazione spe-cifica prima di essere messo sugli scaffali per l'acquisto. Questo consente alle aziende commer-ciali di cibo per animali di prendersi enormi libertà per quanto riguarda ciò che inseriscono nel loro cibo per animali.

"Sottoprodotti" è un'espressione comune utilizzata nell'elenco degli ingredienti sul sacchetto di cibo per cani, che potrebbe includere parti di animali malati, sangue, becchi e zampe di pollo. Inoltre, l'elenco degli ingredienti potrebbe indicare che contiene verdure, ma la maggior parte utilizza riempitivi come mais o polpa di barbabietola che non sono salutari per il tuo cane.

I regolamenti europei e italiani consentono alcuni additivi e conservanti per il cibo per animali che sono considerati non sicuri per il consumo umano. Questi additivi e conservanti sono noti per causare gravi problemi di salute come cancro, insufficienza renale, insufficienza epatica e molto altro.

Il cibo per cani fatto in casa è effettivamente "sano e puro" e "sicuro da mangiare per gli ani-mali" perché sappiamo cosa contiene. Non diamo ai nostri animali domestici carne di animali malati o riempitivi pieni di zucchero, ma scegliamo ingredienti di alta qualità che mangeremmo noi stessi.

Inoltre, il cibo per cani cucinato in casa sarà preparato fresco e poi congelato per il nostro ani-male domestico da gustare nella prossima settimana o due. Non rimarrà sugli scaffali del su-permercato per il prossimo anno o più; quindi, non ha bisogno di additivi e conservanti innatura-li.

Molti cibi commerciali per cani contengono riempitivi. Cosa sono i riempitivi? I riempitivi sono ingredienti come mais o soia che non hanno alcun valore nutrizionale per il tuo Maltipoo e non vengono assorbiti dal corpo del tuo cane perché sono stati processati così tanto da non essere più vero cibo.

Perché i produttori di cibo commerciale per cani usano i riempitivi? Li usano per aumentare il volume del cibo e dare l'impressione di offrire un miglior rapporto quantità/prezzo. Inoltre, ren-dono il tuo cane sazio, sebbene si tratti di una sazietà finta e priva di alcun nutriente, vitamina o minerale reale.

Se decidi di acquistare un cibo commerciale per cani, mentre leggi l'elenco degli ingredienti chiediti se lo mangeresti anche tu. Se la tua risposta è affermativa, allora è sicuro da dare al tuo Maltipoo. Vuoi dare al tuo cane il meglio, e questo di solito non è ciò che è in offerta al super-mercato: potresti dover cercare nel tuo negozio di articoli per animali locale o ordinare online.

Vantaggi della scelta di un cibo commerciale per cani sano:

Cerca nel tuo negozio di articoli per animali locale o online. Ci sono alcuni ottimi cibi commerciali per cani che utilizzano alimenti freschi e integrali ed evitano l'uso di sostanze chimiche, conservanti e aromi artificiali.

- **Comodità:** non è necessaria alcuna preparazione o pulizia. Devi solo mettere il cibo nella ciotola del tuo Maltipoo, e voilà, la cena è servita!

- **Addestramento:** con l'addestramento all'obbedienza, viene utilizzato parecchio cibo ed è più facile usare un premio preconfezionato o crocchette secche piuttosto che dare al tuo cane una manciata di stufato o pappa. Puoi tenere questi premi a temperatura ambiente e in tasca, così puoi facilmente premiarlo ogni volta che risponde correttamente.

- **Tranquillità:** il cibo fatto in casa può aggiungere stress e ansia extra poiché il proprietario dell'animale potrebbe chiedersi se il cane sta ricevendo il corretto equilibrio di nutrienti necessari per crescere e svilupparsi e se le sue esigenze nutrizionali quotidiane vengono soddisfatte.

- **Costo:** il tempo è denaro. Non tutti abbiamo tempo extra per preparare al nostro cane cibo fatto in casa. Inoltre, il cibo per cani fatto in casa sarà sano e genuino solo quanto gli ingredienti che utilizziamo, e l'uso di carni di alta qualità e pollo biologico allevato all'aperto fa rapidamente aumentare il prezzo.

Svantaggi della scelta di un cibo commerciale per cani:

Questo elenco si riferisce alle marche generiche più comuni al supermercato, quelle che hanno un lungo elenco di ingredienti che non riesci nemmeno a pronunciare.

- **Gonfiore:** molte marche generiche di cibo per cani contengono riempitivi che possono causare gonfiore al tuo Maltipoo. Se scopri che il tuo cane soffre di gonfiore, potrebbe stare meglio con un cibo umido o in scatola.
- **Monotonia:** anche se il tuo cane ha solo circa 1700 papille gustative e noi umani ne abbiamo più di 9000, può essere noioso mangiare la stessa cosa ogni singolo giorno.
- **Ingredienti:** molti degli ingredienti sono riempitivi, zuccheri e parti di animali che potrebbero essere stati malati di tumori e altre malattie. Inoltre, aromi artificiali, sostanze chimiche e conservanti possono causare al tuo Maltipoo gravi problemi fisici e comportamentali.
- **Controllo del peso:** molti cani soffrono di obesità, che porta ad altri problemi di salute. È difficile controllare il peso del tuo Maltipoo con un cibo generico commerciale per cani, poiché molti degli ingredienti sono pieni di zucchero e acidi grassi trans.

Vantaggi del cibo per cani fatto in casa:

- **Controllo degli ingredienti:** sai esattamente cosa stai dando da mangiare al tuo Maltipoo, poiché sei tu lo chef. È preparato da fresco, quindi gli ingredienti non perdono il loro valore nutrizionale. Controllando gli ingredienti, controlli l'esposizione del tuo Maltipoo a sostanze chimiche e altri additivi dannosi.
- **Allergie alimentari:** se il tuo Maltipoo soffre di allergie alimentari, puoi controllare la sua esposizione ai cibi problematici.
- **Convenienza:** molti proprietari di animali domestici che decidono di preparare il proprio cibo per cani utilizzano ingredienti che acquistano per la loro famiglia. Inoltre, preparano i pasti del loro cane contemporaneamente ai loro.

Svantaggi del cibo fatto in casa:

- **Preoccupazioni per la nutrizione quotidiana:** molti proprietari di animali domestici che preparano il proprio cibo per cani si chiedono se il loro cane sta ricevendo la corretta quantità di nutrienti quotidiani nella sua dieta. Alcuni studi hanno dimostrato che i cani nutriti con una dieta per cani preparata in casa soffrono di carenze nutrizionali.

- **Durata di conservazione:** poiché tutti gli ingredienti sono freschi, tendono a deteriorarsi rapidamente e favoriscono la crescita batterica e le malattie di origine alimentare.
- **Costo:** a seconda degli ingredienti che usi, preparare il cibo per il tuo Maltipoo può diventare piuttosto costoso.

Ricorda, la scelta di comprare il cibo per il tuo cane o di preparare il tuo cibo per cani spetta a te.

Non lasciare mai che qualcun altro ti faccia pressione per fare qualcosa di cui non sei convinto al 100%. Il tuo Maltipoo è una tua responsabilità e di nessun altro; devi dargli una dieta che funzioni per entrambi.

Come scegliere un cibo commerciale per cani sano

Ti sei mai preso il tempo di guardare l'elenco degli ingredienti del cibo per cani che dai al tuo Maltipoo? La maggior parte di noi si fida del nome sulla confezione, credendo che sia pieno di ingredienti sani.

Altri potrebbero essere cresciuti vedendo i loro genitori dare sempre la stessa marca ai loro cani, che non sono mai stati malati. Tuttavia, i tempi sono cambiati e molte aziende commerciali di cibo per cani cercano di aumentare il loro margine di profitto prendendo scorciatoie, usando riempitivi e conservanti.

Prenditi il tempo di leggere l'etichetta degli ingredienti prima di dare al tuo Maltipoo una certa marca di cibo per cani. Se vedi uno di questi otto elementi nell'elenco degli ingredienti, è un segnale d'allarme per rimettere il sacchetto sullo scaffale e continuare a cercare.

1. **BHA e BHT:** BHA è l'abbreviazione di butilidrossianisolo e BHT è l'abbreviazione di butilidrossitoluene. Perché dovrebbero essere evitati? Sono entrambi conservanti dannosi utilizzati per prolungare la durata di conservazione del cibo commerciale per cani. Questi due ingredienti sono considerati dannosi perché sono stati direttamente collegati a danni renali e cardiaci e al cancro.
2. **Sottoprodotti della carne:** cosa contengono i sottoprodotti della carne? L'unico requisito di etichettatura per i mangimi animali che contengono sottoprodotti di carne è che i sottoprodotti provengano da qualsiasi fonte animale. Cosa significa? Può essere una miscela di qualsiasi cosa, dagli occhi degli animali, zoccoli, zampe, becchi, piume, sangue, parti di animali malati e qualsiasi altro tipo di rifiuto animale. Spesso, le parti di animali malati che vengono aggiunte nella miscela provengono da animali con tumori o altre malattie.

Eccezione: acquista il cibo solo se la confezione specifica che i sotto-prodotti animali provengono da frattaglie idonee al consumo umano, come fegati e reni.

3. **Etossichina:** l'etossichina è un pesticida e conservante alimentare che è stato vietato per il consumo umano, in quanto è stato direttamente collegato al cancro. Tuttavia, è comunemente usato come conservante nei cibi commerciali per cani che contengono farina di pesce. Un fatto spaventoso sull'etossichina è che i produttori non sono tenuti a includerla nell'elenco degli ingredienti, ma nell'Unione Europea il suo uso negli alimenti per animali è stata fortunatamente vietata dal 2017.

Eccezione: quando cerchi un cibo per cani che contiene pesce, cerca una garanzia scritta che non contenga etossichina. Dovrebbe essere

Foto di
Valentina Hartman

sulla confezione o sul sito web del produttore. Se non ha una dichiarazione scritta, molto probabilmente contiene etossichina, quindi rimettilo sullo scaffale.

4. **Mais:** sì, il mais! Il mais è usato come riempitivo economico, ma non ha quasi nessun valore nutrizionale e può facilmente sviluppare funghi o muffe, le quali potrebbero causare gravi problemi di salute al tuo piccolo Maltipoo.

5. **Gallato di propile:** anche chiamato acido gallico ed estere propilico, questo ingrediente è stato collegato a malattie del fegato e cancro.

6. **Sciroppo di mais:** come sappiamo, lo sciroppo di mais è estremamente dannoso per i nostri cani e per noi. Viene utilizzato per dolcificare il cibo commerciale per cani per mascherare il sapore delle sostanze chimiche e dei sottoprodotti. È un ingrediente inutile che non ha assolutamente alcun valore nutrizionale. Può anche portare il tuo cane a sviluppare una dipendenza dallo zucchero e dai dolci, causando un aumento di peso indesiderato, diabete, carie, problemi comportamentali e iperattività.

7. **Soia:** la soia è un altro riempitivo economico utilizzato per aumentare il contenuto proteico nei cibi per cani di bassa qualità. La soia è stata collegata a danni al sistema endocrino canino.

8. **Colori e aromi artificiali:** tutti sappiamo che i colori e gli aromi artificiali sono cattivi per noi, e lo sono ancora di più per i nostri cani. Qualsiasi alimento che riporti nell'elenco degli ingredienti la parola "artificiale" dovrebbe essere evitato. I colori e gli aromi artificiali sono stati collegati al cancro e a problemi mentali e comportamentali.

Alla lunga, conviene investire in un cibo per cani di qualità superiore con ingredienti sani e puri e sapere cosa stai realmente dando da mangiare al tuo cane. In tal modo, risparmierai denaro in futuro ed eviterai che il tuo Maltipoo sviluppi gravi problemi di salute.

Come scegliere un cibo commerciale per cani di alta qualità:

Quando si tratta di scegliere un cibo per cani, le opzioni sembrano infinite. Ecco alcuni suggerimenti per restringere le tue scelte.

1. **Fonte superiore di proteine:** l'ingrediente principale sull'etichetta dovrebbe essere una singola fonte di proteine, come farina di pollo o farina di manzo. Evita definizioni come "farina di pollame" o "farina di carne", che sono vaghe e probabilmente indicano una proteina di qualità inferiore.

2. **Fonte di carne intera tra i primi due o tre ingredienti:** ad esempio "pollo, farina di pollo" o "manzo, farina di manzo". Una buona mi-

scela di proteine animali aiuta a completare gli aminoacidi del tuo Maltipoo.

3. **Cereali integrali e verdure non trasformate:** più il cibo è trasformato, meno valore nutrizionale ha.

4. **Data di scadenza:** guarda la data di produzione e la data di scadenza. Se ha una durata di conservazione di due o più anni, rimettilo sullo scaffale e passa a una marca diversa.

5. **Elenco degli ingredienti:** più lungo è l'elenco, più velocemente devi allontanarti da quella marca di cibo per cani.

6. **Cibo per cani in scatola:** il cibo per cani in scatola potrebbe essere più costoso, ma è un'ottima opzione. Ha il più alto valore nutrizionale e contiene tagli di carne di alta qualità. Spesso contiene pochissimi conservanti o sostanze chimiche.

Come preparare un cibo per cani sano fatto in casa

Alcuni proprietari di Maltipoo scelgono di preparare il loro cibo fatto in casa, ma anche di integrare con un cibo commerciale per cani di alta qualità.

Alla fine di questo capitolo, troverai alcune deliziose ricette di cibo per cani che vale la pena provare. Le ricette che utilizzano la pentola a cottura lenta fanno risparmiare molto tempo.

Quali sono le proporzioni di una buona ricetta per cibo per cani fatto in casa?

- **40-50% di proteine:** pollame, manzo, agnello, pesce o maiale. Puoi aggiungere fino al 10% di queste proteine utilizzando organi come fegato o cuori. Assicurati che la carne che usi sia di alta qualità e fresca.

- **25-30% di verdure:** assicurati che siano ben cotte e finemente tritate; i cani hanno difficoltà a digerire le verdure crude. Puoi usare fagiolini, carote, piselli, broccoli, spinaci e patate dolci.

- **25-30% di carboidrati:** riso integrale o bianco, avena o pasta. Se il tuo Maltipoo è intollerante al glutine, puoi usare pasta senza glutine.

Prima di provare una nuova ricetta, assicurati che nessuno degli ingredienti nell'elenco sia tossico per il tuo piccolo Maltipoo. Inoltre, assicurati che le proporzioni siano in accordo con le raccomandazioni sopra.

Consigli per preparare cibo per cani fatto in casa

Ecco alcuni consigli utili per preparare cibo per cani fatto in casa:

1. Dopo aver letto le informazioni sopra sulle minacce trovate nel cibo commerciale per cani, la maggior parte di noi vorrà iniziare a nutrire il nostro cane con pasti fatti in casa immediatamente. Ma aspetta un attimo! Cambiare il cibo del tuo cane troppo velocemente può causargli diarrea o mal di stomaco. Cambia il cibo del tuo Maltipoo lentamente!

   Modifica gradualmente la sua dieta mescolando il nuovo cibo fatto in casa con il vecchio cibo commerciale per cani. Elimina gradualmente il cibo processato.

2. Prenditi il tempo per preparare il cibo per il tuo cane. Trova un momento per preparare i pasti e concediti il tempo di mettere tutto in sacchetti per congelatore, misurati in porzioni appropriate per il tuo cane. Proprio come quando cucini per la tua famiglia, usa pratiche di manipolazione sicura degli alimenti, specialmente se usi carni crude.

3. Acquista gli ingredienti all'ingrosso per risparmiare denaro, così il tuo cibo per cani fatto in casa non finirà per essere molto più costoso del cibo commerciale.

4. Acquista ingredienti biologici e di alta qualità. Il cibo sarà sano solo quanto gli ingredienti che usi. Scegli carni di buona qualità e pollo biologico, quando possibile.

5. Puoi preparare il cibo per cani fatto in casa in lotti più grandi e congelarli in porzioni giornaliere, risparmiando tempo ed energia.

6. Molti proprietari di Maltipoo che scelgono di preparare pasti cucinati in casa per i loro cani danno loro anche un multivitaminico. Chiedi al tuo veterinario di consigliarti un multivitaminico o un integratore per il tuo Maltipoo.

7. Un punto importante da ricordare è il controllo delle porzioni. Anche se il cibo fatto in casa è sano e salutare, troppo di una cosa buona può causare aumento di peso, che porterà a futuri problemi di salute.

Per scegliere la giusta dieta cucinata in casa per il tuo Maltipoo, osserva la sua reazione. È felice quando vede il pasto? Ingoia felicemente il cibo? Non importa quanto sia nutriente un pasto, se non viene mangiato non ha alcun valore nutrizionale per il tuo Maltipoo. Prepara cibo che sia sano ma delizioso per il tuo piccolo batuffolo di pelo.

Ecco un elenco di alimenti comunemente utilizzati nel cibo per cani fatto in casa:

- Uova intere
- Carote cotte
- Pollo, tacchino, manzo e maiale senza il grasso
- Avena
- Patate dolci
- Burro di arachidi
- Yogurt naturale
- Ricotta
- Zucca
- Mele, senza i semi
- Fagiolini
- Salmone

Perché considerare di preparare i pasti del tuo Maltipoo?

Ci sono molte ragioni per preparare il tuo cibo per cani fatto in casa. Per iniziare, è un modo più sano per nutrire il tuo cane e può anche essere più economico. Negli ultimi anni sono venuti alla luce molti additivi pericolosi e sottoprodotti che vengono aggiunti al cibo dei nostri animali domestici.

Inoltre, molti cani stanno sviluppando malattie che comportano un'elevata parcella veterinaria, come intolleranza al glutine, intestino permeabile, allergie, sindrome dell'intestino irritabile e altri fastidi. Questi problemi di salute sono stati direttamente collegati alla dieta, con la maggior parte dei proprietari di cani che nota un rapido miglioramento una volta che iniziano a preparare il proprio cibo per cani sano ed equilibrato. In breve tempo, questi problemi di solito scompaiono completamente e anche le spese veterinarie si riducono.

Nutrire il tuo cane non è più difficile che nutrire tuo figlio, devi solo conoscere alcune linee guida su cosa dargli e non dargli da mangiare.

Una delle principali ragioni per cui molti proprietari di cani decidono di preparare pasti cucinati in casa è perché amano i loro animali domestici. Vogliamo che i membri della nostra famiglia abbiano una vita lunga e sana, e lo stesso vale per i membri a quattro zampe.

Chiediti:

- Considereresti di servire alla tua famiglia, specialmente ai più piccoli, solo cibi in scatola e processati?
- Li nutriresti con la stessa cosa ogni giorno?

La maggior parte di noi non lo considererebbe nemmeno, perché sappiamo che non è sano. Considerando questo punto, perché dovremmo nutrire i nostri cani solo con cibo per cani in scatola e secco processato?

È importante per tutte le creature viventi mangiare cibi freschi e integrali appropriati per la loro specie. Logicamente, nutrire qualsiasi creatura vivente con cibi processati e in scatola per tutta la sua vita non sarebbe una buona scelta.

Questi cibi commerciali processati per cani sono stati creati per la nostra comodità e sono stati resi popolari grazie alla pubblicità di massa.

Potremmo paragonare queste aziende di cibo processato per cani ai molti fast-food che ci circondano nei nostri quartieri. Sì, sono convenienti, ma sono sani? Come sarebbe la nostra salute se mangiassimo lì ogni singolo giorno?

La risposta è semplice; avremmo bisogno di un medico in pochissimo tempo.

Forse il tuo stile di vita non ti permette di preparare cibo per cani fatto in casa per il tuo Maltipoo, ma prova a preparare alcune delle fantastiche ricette di biscotti in questo capitolo: saranno un grande successo.

Alimenti da evitare

Ti sarai senz'altro chiesto, "Quali cibi non dovrebbe mai mangiare il mio cane?"

Ci sono certi cibi che non dovresti mai dare al tuo cane, non importa quanto tu stesso li ami. Vi sono degli alimenti che i loro stomaci non possono digerire correttamente e causano dolore o disagio, mentre altri sono effettivamente velenosi per i nostri amici a quattro zampe.

Ecco un elenco di cibi che non dovresti mai dare al tuo amato animale domestico:
- Cioccolato: un po' di cioccolato può devastare il sistema del tuo cane, causandogli vomito e diarrea. Una grande quantità può portare a insufficienza cardiaca e infine alla morte.
- Aglio, cipolle, porri ed erba cipollina possono essere molto tossici per i cani. Possono causare anemia, rendendo il tuo cane molto debole e aumentando la frequenza cardiaca, facendolo collassare.
- La cannella può irritare l'interno della bocca del tuo cane, causando piaghe. Inoltre, può abbassare la glicemia, portando a diarrea, vomito e malattie del fegato. Se inalata in forma di polvere, può causare difficoltà respiratorie.

- Uvetta e uva possono portare a insufficienza renale perché contengono una tossina che causa gravi danni al fegato e ai reni.
- Mandorle, noci pecan, noci di macadamia e noci sono tossiche per i cani. Le noci di macadamia sono il cibo più velenoso per i cani, poiché colpiscono il sistema nervoso. Le mandorle possono lacerare l'esofago e la trachea.
- Il sale aumenta la ritenzione idrica, che può portare a malattie cardiache e insufficienza.
- L'alcol può causare intossicazione, mancanza di coordinazione e respirazione difficoltosa, oltre portare al coma o alla morte.
- Le ossa cotte di qualsiasi tipo possono facilmente scheggiarsi quando masticate dal tuo cane, causando danni all'esofago e alla trachea. Le ossa crude sono utili per la salute e i denti del tuo cane.
- Il caffè ha lo stesso effetto del cioccolato sul tuo cane.
- Il mais crudo direttamente dalla pannocchia blocca l'intestino del tuo cane e deve essere rimosso chirurgicamente.
- Il lievito, da solo o in un impasto, può causare flatulenza e disagio; una quantità eccessiva causerà la rottura dello stomaco.
- Lo xilitolo è un sostituto dello zucchero in molti alimenti moderni; non ha effetto sugli esseri umani ma è tossico per il tuo cane. La più piccola quantità può causare convulsioni e morte.
- Lo zucchero in piccole quantità è tollerabile, ma troppo zucchero può portare a obesità, problemi dentali e diabete.
- Prugne, pesche, pere e cachi possono rappresentare un rischio di soffocamento. Inoltre, i semi di pera contengono arsenico e i noccioli di pesca, quando metabolizzati, si trasformano in cianuro.
- Il fegato va bene in dosi molto piccole, ma in grandi quantità può causare effetti negativi sui muscoli e sulle ossa del tuo cane.
- Gli avocado contengono una tossina che causa ai cani diarrea, vomito e congestione cardiaca.

Un ottimo suggerimento sarebbe assicurarsi che tutta la famiglia capisca cosa il cane non può mangiare: questo eviterà che qualcuno gli dia di nascosto un premio che potrebbe causare gravi danni o morte.

Il breve elenco di cibi sopra non intende essere esaustivo. Se hai dubbi su un alimento che non è nell'elenco, consulta il tuo veterinario prima di darlo al tuo cane.

CAPITOLO OTTO
I Maltipoo e la loro salute

Poiché i Maltipoo sono una razza relativamente recente, non esiste un lungo elenco di malattie comunemente associate a loro; tuttavia, sono state riscontrate alcune problematiche che sembrano presentarsi di tanto in tanto nei Maltipoo, principalmente legate alla loro discendenza da Barboncino e Maltese. In questo capitolo discuteremo di alcune di queste problematiche più frequenti.

Essere consapevoli di questi problemi può aiutarti a prevenirli e, nel caso si verifichino, sarai in grado di riconoscere i sintomi in tempo e portare il tuo Maltipoo dal veterinario per un controllo.

In caso di dubbi, chiama il tuo veterinario per qualsiasi domanda o preoccupazione riguardo la salute del tuo Maltipoo. È meglio essere prudenti che dispiaciuti. A causa delle loro dimensioni, i Maltipoo sono molto delicati e quando si ammalano, la situazione può peggiorare molto rapidamente.

Quando chiamare il veterinario:

- **Cambiamento nel temperamento:** fai attenzione ai cambiamenti nell'appetito o nei livelli di energia (letargia).
- **Zoppia:** il tuo Maltipoo potrebbe favorire una zampa rispetto all'altra, mostrare una zoppia o rifiutarsi di alzarsi, anche quando tentato con un premio.
- **Difficoltà respiratorie:** se il tuo Maltipoo sembra soffocare o non riesce a respirare, controlla le sue vie aeree e chiama il veterinario.
- **Salivazione eccessiva:** alcuni cani sbavano mentre guardano le persone mangiare; la salivazione eccessiva si verifica quando il tuo cane sbava senza un motivo apparente e non smette.
- **Condizioni neurologiche:** il tuo Maltipoo è normalmente vigile e reattivo. Un segno di problemi neurologici è quando il tuo cane diventa disorientato, non reattivo, gravemente scoordinato, letargico o addirittura entra in coma.
- **Convulsioni:** se il tuo Maltipoo non ha mai avuto convulsioni prima, deve vedere un veterinario il prima possibile. Le convulsioni possono manifestarsi come tremori incontrollabili, perdita di coscienza e possibile perdita del controllo intestinale.

- **Esposizione a sostanze tossiche:** se sai che il tuo cane è stato esposto a qualcosa di tossico o a un alimento nocivo per i cani, portalo immediatamente dal veterinario.
- **Vomito e diarrea:** se il vomito e la diarrea continuano per più di 24 ore, chiama il tuo veterinario.
- **Addome disteso o dolore addominale:** se noti che il tuo cane ha conati di vomito a secco, sforzi, debolezza, collassi e difficoltà respiratorie, è probabile che stia soffrendo di dilatazione gastrica. È più comune nei cani di grossa taglia, ma occasionalmente si verifica anche nei cani più piccoli. Questo è un problema potenzialmente letale se non viene trattato rapidamente dal veterinario.
- **Problemi urinari:** se noti che il tuo cane cerca di urinare ma non ci riesce, potrebbe avere un blocco urinario.

Questa è solo una lista di base di alcuni problemi di salute che potrebbero giustificare una visita d'emergenza dal veterinario. Se c'è qualcosa che non va con il tuo cane, ricorda che il veterinario è raggiungibile con una semplice telefonata: non aver paura di prendere il telefono e chiedere se c'è motivo di preoccuparsi.

Vaccinazioni

«È molto importante far controllare il cucciolo dal veterinario entro pochi giorni dall'arrivo a casa. Dovrebbe verificare che il cucciolo sia sano e farti sapere quali vaccinazioni saranno necessarie, prima che tu possa esporre il tuo cucciolo ad altri cani.»

Rebecca Posten
riversidepuppies.biz

Il tuo veterinario può spiegarti il programma di vaccinazione per il tuo Maltipoo. Normalmente, ti consegnerà un piccolo libretto che riporta l'età del tuo cane, un calendario di quando dovrebbe ricevere ogni vaccinazione e la durata dell'immunità.

Le vaccinazioni sono divise in due diverse categorie: le principali sono chiamate "vaccini core" e sono vaccini che ogni cane dovrebbe ricevere; la seconda categoria è chiamata "vaccini non-core", raccomandati solo per determinati cani residenti in certe aree geografiche.

Di seguito è riportato un tipico calendario vaccinale per cani; chiedi una copia del calendario utilizzato dal tuo veterinario. La maggior parte dei veterinari invia promemoria ai propri clienti prima che sia il momento dei vaccini.

CALENDARIO VACCINALE PER CANI	
Età	**Vaccino**
5 settimane	**Parvovirus**: i cuccioli sono particolarmente esposti al rischio di contrarre questo virus.
6 e 8 settimane	**Vaccino combinato:** spesso chiamato vaccino pentavalente contro adenovirus, epatite, cimurro, parainfluenza e parvovirus; può contenere anche leptospirosi.
12 settimane	**Leishmaniosi:** raccomandata soprattutto nelle regioni del centro-sud Italia e nelle zone costiere dove la malattia è endemica.
12 e 15 settimane	**Vaccino combinato:** contiene leptospirosi e altre malattie regionali specifiche.
Adulti (richiami)	**Vaccino combinato:** richiami annuali per cimurro, epatite, parvovirus, parainfluenza e leptospirosi. Leishmaniosi nelle zone a rischio.

Se prevedi di utilizzare una pensione per cani o mandare il tuo Maltipoo all'asilo per cani, potrebbe essere saggio fare il vaccino per la tosse dei canili. La tosse dei canili è una terribile tosse secca molto contagiosa che si diffonde comunemente in aree dove ci sono molti cani, come una pensione o un asilo per cani. Il tuo cane può prenderla anche dal toelettatore.

Per una spiegazione più dettagliata sulle diverse vaccinazioni di cui il tuo Maltipoo avrà bisogno, parla con il tuo veterinario.

Sterilizzazione e castrazione

Molto probabilmente, stai acquistando il tuo Maltipoo come animale da compagnia e non per riproduzione. I Maltipoo di seconda generazione non hanno le stesse qualità dei Maltipoo di prima generazione e, poiché il Maltipoo non è una razza registrata, non c'è molto profitto nell'allevarli. Pertanto, la maggior parte dei proprietari di Maltipoo decide di far sterilizzare o castrare i propri cani.

La sterilizzazione e la castrazione sono procedure semplici, eseguite dal tuo veterinario, che tolgono al tuo cane la capacità di riprodursi. Sono operazioni molto veloci, semplici e comuni per i cani.

Foto di
Lisa Lynch

Vantaggi della castrazione del tuo Maltipoo maschio:

- Meno aggressivo
- Meno incline a marcare il territorio
- Meno competitivo
- Più propenso a formare un legame stretto con il suo proprietario umano
- Meno territoriale

Vantaggi della sterilizzazione della tua Maltipoo femmina:

- Non va in calore
- Meno nervosa

- Abbaia e piange meno
- Nessuna gravidanza indesiderata

Vantaggi per entrambi:

- Meno inclini a vagabondare
- Meno aggressivi
- Più calmi e meno iperattivi
- Meno propensi a scappare
- Più obbedienti

Gli studi hanno dimostrato che i cani che hanno subito queste procedure sono a minor rischio di cancro rispetto ai cani che non le hanno ricevute.

Cos'è la castrazione? La castrazione è una procedura eseguita da un chirurgo veterinario abilitato. L'operazione renderà il tuo cane maschio incapace di riprodursi.

È comunemente definita castrazione perché rimuove i testicoli del giovane cane, lasciando uno scroto vuoto, che prima conteneva i testicoli del tuo cane. Con il tempo, questo scroto si ridurrà di dimensioni fino a non essere più visibile.

Quando dovrebbe essere castrato il mio Maltipoo maschio? Si raccomanda di castrare i cani prima dei sei mesi di età per evitare un aumento di peso indesiderato quando sono più anziani. I Maltipoo castrati dopo i sei mesi hanno la tendenza a diventare piuttosto obesi.

Il tuo Maltipoo sarà anche meno propenso a vagabondare se l'operazione avviene prima dei sei mesi. Aspettare più di sei mesi significa che il tuo cane potrebbe avere già testosterone accumulato dentro di sé: questo testosterone lo spingerà a cercare di scappare in cerca di una femmina con cui accoppiarsi.

I maschi non castrati hanno la tendenza a spruzzare la pipì intorno ai loro spazi vitali, che includono la tua casa. Lo fanno per marcare il territorio; un cane castrato non lo farà.

Cos'è la sterilizzazione? La sterilizzazione per le cucciole femmine è una semplice procedura eseguita da un chirurgo veterinario abilitato. Questa procedura impedirà al tuo cane di rimanere incinta e fermerà i suoi regolari cicli di calore.

Questo intervento è un po' più complicato della castrazione dei cani maschi: comporta la rimozione di entrambe le ovaie e dell'utero facendo una piccola incisione nell'addome della tua cucciola. L'utero viene rimosso per prevenire future infezioni.

Quando dovrebbe essere sterilizzata la tua Maltipoo femmina? I veterinari suggeriscono che il momento migliore è tra i quattro e i sei mesi di età, ma può essere fatto anche più tardi senza effetti collaterali.

Sia la sterilizzazione che la castrazione richiedono un'anestesia generale.

La sterilizzazione e la castrazione non influenzeranno la personalità del tuo cane. Il tuo cane non ti porterà rancore per questa operazione: continuerà semplicemente con la vita come prima dell'operazione. Queste procedure possono attenuare tratti di personalità sfavorevoli, come l'aggressività.

Scegliere di castrare o sterilizzare il tuo Maltipoo è una decisione personale. Parla con il tuo veterinario se hai dubbi o preoccupazioni.

Foto di
Joanna Howard

Preoccupazioni future per la salute e come evitarle

«Assicurarsi che il tuo Maltipoo faccia molto esercizio, mantenga un peso sano e abbia una buona igiene orale allungherà la sua aspettativa di vita.»

Rebecca Posten
riversidepuppies.biz

Quello che segue è solo un elenco di malattie comuni che colpiscono i Maltipoo. Non significa che il tuo Maltipoo le contrarrà; serve solo per aiutarti a esserne consapevole e a capire come potresti essere in grado di evitare che il tuo Maltipoo ne soffra.

Sindrome del cane bianco o di Shaker: questa sindrome colpisce sia i Maltesi che i Barboncini; quindi, per ovvie ragioni il tuo Maltipoo può avere lo stesso problema. Normalmente si manifesta quando il cucciolo ha circa sei mesi.

Sintomi: il tuo cane mostrerà tremori in tutto il corpo, mancanza di coordinazione e movimento rapido degli occhi.

Questa sindrome non causa dolore al tuo cane e non cambierà la sua personalità, ma ti farà prendere un attacco di panico la prima volta che si manifesta. Normalmente, accade quando un cane diventa eccessivamente eccitato o stressato. Parla con il tuo veterinario su come trattarla. Se non sei sicuro che il tuo cane abbia la Sindrome del cane bianco, cerca di riprendere uno degli episodi con la videocamera e mostralo al tuo veterinario.

Epilessia: è quando il tuo Maltipoo ha una crisi convulsiva.

Sintomi: il tuo cane inizierà a tremare incontrollabilmente per alcuni secondi o più a lungo. Si sospetta che sia ereditaria, ma ciò non è stato ancora scientificamente provato.

L'epilessia non può essere curata, ma può essere trattata efficacemente con i farmaci. Un Maltipoo con epilessia può vivere una vita lunga e felice senza complicazioni, se gestita correttamente.

Lussazione della rotula: chiamato anche "ginocchio che cece", è un problema comune per tutti i cani di piccola taglia. Sorge quando il ginocchio non è correttamente allineato con femore e tibia: questo fa sì che la gamba diventi flaccida. È considerato un difetto di nascita, ma non si presenta fino a più tardi nella vita. Lo sfregamento delle ossa non allineate può portare all'artrite o alla malattia degenerativa articolare.

Sintomi: il Maltipoo cammina con una zoppia o saltando. Nei casi gravi, potrebbe essere necessaria la riparazione chirurgica.

È più comune nei cani di piccola taglia e può essere il risultato di pratiche di allevamento scorrette.

Shunt epatico: si verifica quando c'è un flusso anormale di sangue tra il fegato e il corpo. Questo diventa un problema perché il fegato è responsabile della disintossicazione del corpo, del metabolismo dei nutrienti presenti nel cibo e di altre funzioni. I segni di questa malattia compaiono intorno ai due anni di età.

Sintomi: i sintomi potrebbero essere anomalie neurocomportamentali (come mancanza di equilibrio), mancanza di appetito, ipoglicemia, problemi di stomaco e crescita stentata.

Il tuo veterinario potrebbe raccomandare un intervento chirurgico correttivo o una dieta speciale.

Atrofia progressiva della retina: questo è un disturbo oculare degenerativo ereditario che alla fine causerà cecità. Passeranno anni prima che il tuo cane inizi a diventare cieco.

Fai fare al tuo veterinario un semplice test per sapere se il tuo cane ha questa malattia.

La buona notizia è che i cani possono usare i loro altri sensi quando diventano ciechi, vivendo comunque una vita felice e piena.

I buoni allevatori faranno certificare annualmente i loro cani da riproduzione e non alleveranno cani portatori di questa malattia.

Malattia di Legg-Calvé-Perthes: questo è un problema comune per i cani toy. L'apporto di sangue all'osso dell'anca diminuisce e la testa dell'osso dell'anca che si collega al bacino inizia a disintegrarsi.

Sintomi: normalmente si manifesta quando un cucciolo ha circa quattro-sei mesi; inizia a zoppicare e i muscoli della gamba diventano rigidi.

Questa condizione può essere corretta con la chirurgia e la prognosi dopo l'intervento è molto positiva. La maggior parte dei cani non ha quasi nessuna zoppia e, se presente, si manifesta solo quando cambia il tempo.

La maggior parte di questi problemi di salute sono ereditari; quindi, prima di acquistare il tuo Maltipoo, indaga se i genitori soffrono di uno qualsiasi di questi problemi. Entrambi i genitori dovrebbero avere un certificato di buona salute dall'Ente Nazionale della Cinofilia Italiana per la rotula (ginocchia) e un certificato che attesti che i loro occhi sono sani.

Inoltre, cerca un allevatore che non inizi a far riprodurre i cani fino a quando non hanno due o tre anni, poiché molte di queste malattie si manifestano dopo i due anni di età.

Come scegliere un buon veterinario

Il giorno in cui porti a casa il tuo piccolo Maltipoo è il giorno in cui prometti che lo amerai e te ne prenderai cura per il resto della sua vita. È una grande responsabilità, se ci pensi.

Il tuo cucciolo dipenderà da te per tutti i suoi bisogni di base, compresa l'assistenza medica. Come puoi scegliere un buon veterinario?

Prima di scegliere un veterinario, siediti e chiediti quali qualità vorresti nel futuro medico del tuo Maltipoo. Fai anche una lista di domande che vorresti fare riguardo al tuo cucciolo.

Puoi anche chiedere al canile locale, agli allevatori e ad altri proprietari di cani referenze per il veterinario che stai considerando.

Assicurati che il tuo veterinario sia regolarmente iscritto all'Ordine dei Medici Veterinari della tua provincia e che la clinica o l'ambulatorio veterinario abbiano tutte le autorizzazioni sanitarie necessarie. Puoi verificare l'iscrizione del veterinario consultando l'albo online dell'Ordine provinciale.

Quando incontri il veterinario percepisci un'atmosfera positiva? Sembra amare gli animali o semplicemente tollerarli?

Un buon veterinario dovrebbe avere alcune attrezzature di base, come un apparecchio per i raggi X, ecografo, pompe per flebo e strumenti per misurare la pressione sanguigna e oculare, oltre a essere in grado di eseguire test di laboratorio di base. Scopri se ci sono specialisti che lavorano nella clinica o se hanno convenzioni con centri specialistici nearby.

I membri dello staff che lavorano lì sembrano competenti e amichevoli? Amano gli animali o li tollerano e basta? Porterai qui il tuo bambino e pagherai per un servizio; dovresti ottenere ciò per cui paghi.

Infine, assicurati che la clinica abbia un servizio di emergenza 24 ore o che sia convenzionata con una clinica di pronto soccorso veterinario per le emergenze notturne e nei weekend.

CAPITOLO NOVE
Problemi comportamentali comuni

I cani non nascono cattivi. Come gli esseri umani, sono influenzati dall'ambiente che li circonda e dalle interazioni con gli altri. Questi fattori possono plasmarli in modi positivi e negativi.

Quasi tutti i problemi comportamentali dei cani sono causati da un'educazione e un addestramento inadeguati.

Come impedire al tuo Maltipoo di sviluppare cattive abitudini

"I Maltipoo possono essere facilmente viziati a causa dei loro musetti adorabili e della loro piccola taglia. L'abbaio può diventare un problema, se non lo controlli fin dall'inizio."

Renee Banovich
www.aTender1sPuppies.com

Devi comunicare chiaramente al tuo cane cosa ti aspetti da lui in un modo che lo possa comprendere. Inoltre, il messaggio deve essere coerente: non puoi dire "no" un giorno e poi "sì" il giorno dopo. No significa no e sì significa sì. Il tuo Maltipoo è molto intelligente, ma non è in grado di leggere tra le righe. Se non sarai coerente nell'addestramento, finirai solo per confonderlo.

Inoltre, senza rendertene conto, potresti star rinforzando comportamenti negativi. Devi imparare a premiare il tuo cane per i comportamenti positivi e non per quelli negativi. I comportamenti che non vengono premiati diminuiranno gradualmente, mentre quelli premiati aumenteranno. Quindi, assicurati di premiare il comportamento corretto.

Ricorda che una grande maggioranza di cani finisce nei canili o viene abbandonata tra uno e due anni di età proprio a causa di queste cattive abitudini. È il momento in cui la tenerezza svanisce e il comportamento diventa molto frustrante per il proprietario.

Applicando questi semplici passaggi fin da subito, eviterai comportamenti negativi e dispiaceri in futuro. Questo porterà a una lunga e felice vita con il tuo nuovo migliore amico, il tuo Maltipoo.

Saltare addosso alle persone

Ti è mai capitato di entrare in una casa ed essere accolto da un cane eccessivamente amichevole che non smette di saltarti addosso? È piuttosto fastidioso, specialmente se indossi collant o pantaloni eleganti.

Non vuoi certo che il tuo Maltipoo salti addosso a chiunque varchi la soglia di casa. La chiave è impedire al tuo cane di saltare sulle persone fin dall'inizio. Se già salta, dovrai evitare che diventi un'abitudine. La buona notizia è che questa cattiva abitudine è molto facile da correggere.

Come impedire al tuo Maltipoo di saltare addosso alle persone:

Foto di
Amy Isett

1. Ignora il tuo cane mentre sta saltando, anche se è difficile farlo. Lodalo e premialo solo quando non sta saltando.

2. Non accarezzare mai il tuo Maltipoo quando sta saltando. Accarezzarlo è una forma di lode e affetto che invia un messaggio al suo cervello, dicendogli che saltare è un comportamento positivo. Questo rafforzerà l'abitudine di saltare.

3. Quando vedi che ha tutte e quattro le zampe a terra, dagli un premio per non aver saltato.

4. Se hai insegnato al tuo cane a sdraiarsi, dagli quel comando e poi premialo e lodalo generosamente.

5. Ripeti i primi tre passaggi finché non potrai entrare in una stanza o in casa senza che il tuo Maltipoo salti su di te o su altre persone.

Alcuni proprietari di Maltipoo insegnano ai loro cani a ballare, così quando iniziano a saltare, dicono il comando "Balla" e il loro Maltipoo fa un piccolo ballo intorno alla stanza invece di saltare sulle loro gambe.

Mordere

Ogni anno, in Italia come nel resto del mondo, i cani mordono migliaia di persone. I più colpiti sono i bambini, seguiti dagli anziani e dai postini. Diverse persone muoiono ogni anno per complicazioni dovute a morsi di cane. Molti cani che mordono qualcuno devono essere soppressi.

Il mordere dovrebbe essere scoraggiato dal primo giorno in cui porti a casa il tuo Maltipoo. I cuccioli iniziano a mordere per alleviare il fastidio della dentizione e le gengive doloranti.

Mordere e masticare sono considerati comportamenti normali per i cuccioli, ma inaccettabili per i cani adulti. La chiave è insegnare al tuo cucciolo ad essere delicato.

Pensiamo a come i cuccioli interagiscono tra loro. I cuccioli stanno appena imparando a controllare i loro corpi e la loro forza. Molto spesso, mentre giocano con i loro fratelli, potrebbero mordere troppo forte. Cosa fa l'altro cucciolo? Guaisce dal dolore e il momento di divertimento si interrompe. Se il cucciolo morde la mamma troppo forte, può ricevere una lezione più severa. Quel cucciolo non morderà mai più la sua mamma.

"Generalmente, hanno un carattere amichevole verso gli altri cani. Sono territoriali e proteggeranno le loro case se altri cani cercano di entrarvi. In luoghi pubblici, come i parchi, sono per lo più amichevoli verso gli altri cani."

Spencer Carranza
maltipoored.com

Devi insegnare al tuo Maltipoo che è inappropriato mordere gli esseri umani. Non permettergli mai di mordere te o chiunque altro. Fermalo sempre sul fatto, di' un fermo "No" e smetti di giocare finché non smette di mordere.

Come puoi scoraggiare il tuo Maltipoo dal mordere?

- Evita giochi aggressivi come il tira e molla; gioca invece a giochi positivi come il riporto e addestra il tuo cane a lasciare la palla davanti a te.
- Quando inizia a mordere te o qualcosa che non vuoi che morda, di' fermamente "No" e rimuovi l'oggetto o la tua mano, sostituendolo con un giocattolo da masticare accettabile.

- Se il tuo cucciolo è particolarmente persistente nel mordere e masticare, molti addestratori suggeriscono la seguente tecnica per interrompere l'abitudine: metti il pollice sulla lingua del tuo Maltipoo e tieni delicatamente la parte inferiore della sua bocca con le altre quattro dita. Mentre lo fai, di' "No" con fermezza, poi rilascia la sua bocca. Non dargli un altro giocattolo da masticare. Ripeti questo processo se necessario.

- Se il tuo cucciolo è determinato a mordere a tutti i costi, inizia a dargli da mangiare dalla mano. Questo lo abituerà ad avere le tue mani vicino alla sua bocca e assocerà la pelle umana con l'ora dei pasti e non con il momento di mordere. Se ti morde, di' "No" e chiudi la mano, poi riprendi a dargli da mangiare una volta che si è calmato.

- Alcuni cani sono così iperattivi che non si rendono nemmeno conto di mordere. Se questo è il caso, metti del formaggio spalmabile o del burro d'arachidi sulle tue mani e il tuo cane inizierà a leccarlo. Mentre si avvicina per leccarlo via, digli "Baci". Inizierà ad associare la parola "baci" con il leccare le tue mani, invece di morderle.

- Se morde particolarmente forte, guaisci in modo acuto come farebbe un altro cucciolo, lascia andare la mano e smetti di giocare. Questo sorprenderà il tuo cucciolo e smetterà di morderti. Se continua a morderti dopo due o tre guaiti, è il momento di mettere il tuo cucciolo in castigo.

Questi suggerimenti per insegnare al tuo Maltipoo a smettere di mordere o masticare utilizzano il rinforzo positivo, senza mai usare la forza o urlare contro il tuo cane.

Se il tuo cane ti morde, resisti alla tendenza di allontanarti dal morso. Questo farà credere al tuo cucciolo che stai giocando al tira e molla e morderà ancora più forte.

Non colpire o picchiare mai il tuo cane sul naso per aver morso o masticato: questo è un rinforzo negativo che lo incoraggia a mordere ancora più forte, non uno strumento efficace nell'addestramento all'obbedienza.

Mordere le caviglie

La maggior parte dei cani di piccola taglia ha la reputazione di mordere le caviglie, e i Maltipoo non fanno eccezione. Sono affascinati dal mordere le caviglie delle persone mentre camminano. Come puoi impedire al tuo Maltipoo di imparare questa cattiva abitudine?

- Tieni in tasca uno dei giocattoli preferiti del tuo cane e, quando inizia a mordicchiare i tuoi talloni o le caviglie, fermati e dagli il giocattolo con cui giocare.

- Se non hai un giocattolo in tasca e il tuo Maltipoo inizia a morderti mentre cammini, fermati. Quando smette di mordere, offrigli un premio o una lode. L'idea è che associ cose positive al buon comportamento.

La chiave è stroncare sul nascere il mordicchiare prima che diventi un problema.

Foto di
Mary Papadopoulos

Masticare

Masticare è una delle cattive abitudini più comuni per i Maltipoo. La chiave per evitare questa cattiva abitudine è iniziare a insegnare al tuo Maltipoo a non masticare certi oggetti fin dal primo giorno.

I cuccioli usano i denti per esplorare il nuovo ambiente. Questo è un comportamento normale, ma diventa rapidamente indesiderato quando masticano le tue scarpe o i mobili. Se la masticazione indesiderata non viene corretta quando il tuo Maltipoo è ancora un cucciolo, può portare a costosi danni ai tuoi beni personali, problemi medici e problemi di fiducia tra te e il tuo cane.

Il tuo Maltipoo avrà una frenetica voglia di masticare durante la dentizione. Dalle quattro settimane ai sei mesi di età, il tuo cucciolo attraverserà un doloroso periodo durante il quale tenderà a masticare di più perché le sue gengive sono irritate e masticare aiuta ad alleviare il disagio. Se questo comportamento non viene fermato durante questo periodo, si trasformerà in un incubo man mano che il tuo cane cresce. Come puoi evitare che ciò accada?

- **Rendi la tua casa a prova di cucciolo.** Rimuovi gli oggetti che potrebbero incuriosire il tuo cucciolo e indurlo a masticare, come scarpe, calzini o qualsiasi cosa che sembri masticabile.

- **Incoraggia la masticazione di oggetti appropriati**. Ogni cane avrà le proprie preferenze riguardo al tipo di giocattoli da masticare; dovrai sperimentare finché non trovi il suo preferito.

- **Non dare al tuo Maltipoo una vecchia scarpa da masticare;** non sarà in grado di distinguere tra una scarpa nuova o vecchia. Invece, penserà che tutte le scarpe siano adatte alla masticazione perché gliene hai già data una.

- Se trovi il tuo Maltipoo che mastica un oggetto inappropriato, correggilo togliendogli l'oggetto e dicendo un fermo **"No"** mentre lo rimuovi. Poi, dagli un oggetto appropriato da masticare. Lodalo quando inizia a masticare la cosa giusta. Col tempo, il tuo Maltipoo imparerà quali oggetti può masticare e quali non gli è permesso masticare.

- Puoi anche applicare spray repellenti su oggetti che non vuoi che mastichi, come i mobili o le gambe del tavolo da cucina. Lo spray repellente per cani è atossico e lascia un gusto disgustoso in bocca al tuo cucciolo, scoraggiandolo dal masticare di nuovo quell'oggetto. Puoi trovare questo spray nel tuo negozio di articoli per animali locale.

- Un cane stanco è meno propenso a masticare. I cani spesso iniziano a masticare per noia: assicurati di giocare molto con il tuo cucciolo.

Ansia da separazione

I Maltipoo prosperano sulla compagnia umana. Si legano rapidamente ai loro proprietari e dipendono da loro per tutto. Questa è una
delle caratteristiche che rendono i Maltipoo il cane da compagnia ideale,
ma questa qualità a volte può giocare contro di te.

Cos'è l'ansia da separazione?

L'ansia da separazione si verifica quando il tuo cane viene lasciato
solo a casa e inizia a provare ansia per essere separato da te. È una questione seria che dovrà essere affrontata il prima possibile.

Come si manifesta?

Il tuo cane potrebbe fare una o tutte le seguenti cose per liberare la
sua ansia e stress:

1. **Distruzione degli oggetti personali :** potrebbe avere momenti di
   masticazione frenetici, sfogandosi con i cuscini del divano, il tavoli-
   no, le tue scarpe; praticamente qualsiasi cosa sul suo cammino verrà
   masticata e, se possibile, divorata.

Foto di
Veronica Gomes

2. **Defecazione e minzione in casa :** questo è uno degli effetti collaterali più spiacevoli dell'ansia da separazione. Potrebbe fare i bisogni in tutta la casa perché è turbato e ha paura di essere abbandonato da te.

3. **Abbaiare e piagnucolare incontrollabilmente :** i tuoi vicini ti odieranno quando questo accade e inizieranno segretamente a cercare un modo per sfrattare te e il tuo cane dall'edificio. Non importa quanto sia esausto il tuo cane, continuerà ad abbaiare finché qualcuno non verrà in suo soccorso.

4. **Graffiare senza sosta :** potrebbe graffiare le porte, poiché è da lì che sei scomparso e crede che se solo potesse uscire, potrebbe trovarti.

5. **Camminare avanti e indietro :** alcuni Maltipoo diventano così agitati che iniziano a camminare avanti e indietro intensamente e persistentemente, diventando ancora più agitati.

6. **Problemi fisici :** con un'ansia da separazione davvero grave, il tuo Maltipoo potrebbe iniziare ad ansimare eccessivamente, il che potrebbe portare a insufficienza cardiaca nei casi estremi.

L'ansia da separazione può causare danni alla salute mentale e fisica del tuo Maltipoo. I comportamenti che derivano dall'ansia da separazione non accadono perché il tuo cane è cattivo e cerca vendetta per averlo lasciato solo; sta reagendo perché si trova in uno stato di panico e paura per essere stato separato dal capo del branco, cioè te.

In molti casi, i proprietari incoraggiano il loro Maltipoo a soffrire di ansia da separazione. Come avviene questo?

Fare una grande scena ogni volta che esci o torni a casa essenzialmente premia il tuo cane per la tua mancanza non appena varchi la porta d'ingresso. Questo può rafforzare il suo diventare ansioso e stressato ogni volta che esci o torni a casa.

Un cucciolo che viene sommerso di attenzioni e portato ovunque tu vada impara ad amare la tua compagnia e si abitua a non essere mai lasciato solo. Poi, man mano che cresce, il fascino del cucciolo inizia a svanire e tu improvvisamente smetti di passare così tanto tempo con lui. A quel punto, il tuo cucciolo si sente come se avesse bisogno di stare con te e non capisce perché viene lasciato a casa da solo. Sei diventato la sua coperta di sicurezza e il capo del branco.

Inoltre, molte volte ai cuccioli viene insegnato a reagire male quando vengono lasciati soli, anche se solo per pochi secondi. Ecco un esempio di come potrebbe accadere:

Dal primo giorno in cui lo porti a casa, il tuo cucciolo inizia a sperimentare l'ansia da separazione a causa della separazione dalla sua cucciolata, il suo branco. Lo porti a casa in un ambiente nuovo e strano e inizi a diventare il nuovo capo del branco. Lo metti nella cuccia o nel trasportino e ti allontani, e inizia a piangere. Cosa fai? Corri a prenderlo e gli dici che va tutto bene. Facendo così, lo stai premiando per quel comportamento e gli stai insegnando che va bene piangere.

Fin dal primo giorno, devi insegnare al tuo Maltipoo a stare tranquillo e imparare a stare solo per brevi periodi di tempo. Puoi premiare solo il buon comportamento come stare tranquillo e calmo. Quando è fuori dalla sua cuccia non è necessario intrattenerlo continuamente, ma incoraggialo a giocare da solo. Questo lo preparerà per quando lo lascerai solo in futuro.

I Maltipoo non amano i cambiamenti nelle loro routine e questo fa sì che abbiano ansia da separazione. È allora che diventano stressati e distruttivi.

Per evitare che il tuo Maltipoo soffra di ansia da separazione, devi insegnare al tuo cucciolo a fidarsi di te come capo del branco. Imparando a fidarsi di te, imparerà ad avere anche fiducia in sé stesso e, quando lo lascerai solo, saprà che non l'hai abbandonato e che tornerai a casa.

L'ansia da separazione è un segno di quanto bene hai addestrato il tuo cane in tutti gli altri aspetti dell'addestramento all'obbedienza. Se hai addestrato bene il tuo cane ed è ben educato, le possibilità che soffra di ansia da separazione sono quasi nulle.

Come puoi insegnare al tuo Maltipoo a essere lasciato solo in casa senza avere una crisi?

- L'addestramento richiede tempo. Dedica del tempo ogni giorno per mostrare al tuo Maltipoo cosa ti aspetti da lui e aiutarlo a capire come si inserisce nella tua routine quotidiana. Cogli ogni opportunità per addestrarlo. Due minuti qua e là si sommano a un tempo di addestramento di alta qualità.

- Insegna al tuo cane a sdraiarsi sul pavimento, poi esci di nascosto e torna. Ogni volta che lo fai, aumenta il tempo tra quando ti allontani e quando torni. Non fare una grande scena ogni volta. Comportati normalmente e il tuo cane inizierà a capire che non l'hai abbandonato e che torni sempre. Questo è un esercizio di fiducia e sicurezza.

- Sia tu che i membri della tua famiglia dovete stabilire che siete i capi del branco e che il cane non ha il controllo. Ad esempio, il tuo Maltipoo cercherà di ottenere il controllo facendoti fare cose che non faresti altrimenti, come accarezzarlo. Se si avvicina a te e ti spinge la mano per farsi accarezzare, potrebbe sembrare così carino da non potergli resistere; tuttavia, questo comportamento è un'imposizione che gli dà l'impressione di controllo come capo del branco. Poi, quando si trova in una situazione come essere lasciato a casa da solo, si rende conto di non avere il controllo, si stressa e inizia a reagire male.

- A volte, certi cambiamenti possono far sperimentare ai Maltipoo l'ansia da separazione. Puoi aiutare il tuo cane ad affrontare il cambiamento variando i tuoi movimenti ogni giorno. Siamo tutti creature abitudinarie. Se il tuo Maltipoo tende a seguirti per casa, quando ti alzi per spostarti nell'altra stanza e noti che il tuo cucciolo si alza per seguirti, siediti di nuovo e lo farà anche lui. Aspetta un po' e poi vai. Entra o esci di casa da una porta diversa. Metti le scarpe e la borsa in un'area diversa. Il tuo cucciolo noterà questi piccoli cambiamenti e li affronterà, il che lo aiuterà ad aumentare la sua fiducia in sé stesso e gli farà capire che starà bene anche da solo.

- Se stai addestrando il tuo Maltipoo con il trasportino, posiziona il trasportino con il tuo cane all'interno nella parte più frequentata della casa e continua con le tue attività. Questo lo abituerà a sentire i rumori e i movimenti quotidiani senza dover essere al centro di tutto. Sa che sei tu ad avere il comando come capo del branco e che lo proteggerai.

- Abitua il tuo Maltipoo a essere lasciato solo con molte prove. Esci e torna prima che inizi a piangere o abbaiare. Permetti al tuo cane di vederti fare tutti i movimenti che mostrano che stai uscendo, come metterti le scarpe e la giacca; poi esci brevemente. Quando rientri, saluta il tuo cane con calma e indifferenza; poi, dagli un comando come "zampa" o "seduto" e dagli un premio.

Suggerimenti per aiutare il tuo Maltipoo a rilassarsi quando è solo:

- Lascia accesa la TV o la musica in sottofondo per il tuo Maltipoo mentre esci e lo lasci solo. La maggior parte dei cani ama il rumore di sottofondo e può aiutarli a sentirsi più sicuri.

- Se lasci il tuo Maltipoo in un trasportino quando esci, prova a coprirne una parte con una coperta. Questo lo farà sembrare più una tana e lo farà sentire sicuro e protetto.

- Lascia al tuo cane giocattoli sicuri da usare senza supervisione che e lo terranno distratto per un po' di tempo. I giocattoli che rilasciano occasionalmente premi sono ottimi perché mantengono il tuo cane mentalmente stimolato e lo faranno stancare e addormentare presto.

- Prima di uscire di casa, evita di dargli troppa attenzione. Tutto ciò che il tuo Maltipoo capisce è che tutto quell'amore e attenzione sono stati bruscamente interrotti, facendolo entrare in modalità panico.

- Nascondi premi in giro per la casa; questo lo terrà occupato e gli impedirà di annoiarsi mentre sei via.

L'ansia da separazione è un segno che il tuo Maltipoo ti ama e sente la tua mancanza. Non vuole vederti andare via, ma se metti in pratica i suggerimenti di cui sopra, non diventerà stressato o spaventato quando te ne vai perché ha imparato a fidarsi di te e sa che non lo abbandoneresti mai. Questo è vero amore, quello basato sulla fiducia e sul rispetto.

Socializzare con altri cani

Alcuni cani, come alcune persone, sono estremamente asociali. Anche solo salutarli può essere un'esperienza scomoda. A volte, questo comportamento asociale può essere causato dal non essere stati esposti alle persone in tenera età; altre volte, può essere a causa di un'estrema timidezza, ma in entrambi i casi, è perché non hanno mai imparato a socializzare con gli altri.

Alcuni cani sembrano entrare in conflitto con cani più grandi, indipendentemente dalla taglia, perché non hanno mai imparato correttamente come socializzare con altri cani. I cani che non hanno imparato a socializzare con altri cani molto probabilmente cresceranno timidi e nervosi.

Qual è il momento migliore per socializzare il tuo Maltipoo?

Il momento migliore per iniziare a socializzare il tuo Maltipoo è quando è ancora un cucciolo. I cuccioli non hanno requisiti prestabiliti o preconcetti sugli altri cani, li vedono semplicemente come nuovi compagni di gioco.

Scegli con attenzione le nuove conoscenze del tuo Maltipoo, assicurandoti che abbiano fatto le loro vaccinazioni, se il tuo cucciolo non le ha ancora fatte. Assicurati che il cane a cui stai per presentare il tuo cucciolo sia un cane amichevole, in modo che l'esperienza sia positiva.

Come socializzare il tuo cane con altri cani:

Le vostre passeggiate insieme sono un momento meraviglioso per presentare il tuo cucciolo di Maltipoo ad altri cani. Normalmente, quando i cani sono a passeggio, hanno già rilasciato parte della loro energia repressa, quindi saranno più calmi e sottomessi.

Se il tuo Maltipoo inizia ad abbaiare a un altro cane, non tirare indietro il guinzaglio, poiché questo lo farà eccitare e agitare ancora di più: ricorderà questa esperienza negativa la prossima volta che incontrerà un cane e si comporterà allo stesso modo.

Se il tuo cane inizia ad abbaiare, mostra un atteggiamento calmo e assertivo e distrailo facendogli guardare altrove. Se non smette di abbaiare, prendilo in braccio, allontanati e riprova più tardi.

L'area cani è un ottimo modo per far incontrare al tuo Maltipoo nuovi cani, ma può essere molto intimidatorio all'inizio. Esponilo lentamente all'area cani: la prima settimana, potresti camminare intorno al parco ma non entrare. Se tutti i cani si stanno divertendo all'interno del parco, il tuo Maltipoo vorrà giocare con loro. Ogni volta che torni, vai un po' più all'interno, finché non sai che il tuo Maltipoo non si comporterà come un cane burbero e asociale.

Socializzare con altri esseri umani

Ti è mai capitato di andare a casa di un amico e, prima ancora di entrare dalla porta, il suo cane iperattivo ti è saltato addosso abbaiando? Altri cani si aggirano come se tu fossi il diavolo e non ci si possa fidare di te in nessuna circostanza. Alcuni cani si nascondono dalle nuove persone perché sono estremamente timidi.

Sicuramente non vuoi che il tuo piccolo Maltipoo si comporti così; quindi, come puoi insegnargli a comportarsi correttamente con gli estranei e con i tuoi amici e familiari?

Vuoi che il tuo Maltipoo non abbia pregiudizi verso nessuno. Alcuni cani sono cauti riguardo a certe caratteristiche fisiche, come una barba, un bastone, un cappello o occhiali da sole. Altri non amano chiunque indossi un'uniforme, come il postino. Alcuni Maltipoo notano persino il colore della pelle e reagiscono con sospetto. L'unico modo per evitare che il tuo Maltipoo reagisca alle persone con caratteristiche non familiari è presentarlo a tutti i tipi di persone mentre è ancora un cucciolo.

La maggior parte dei cuccioli e dei cani è diffidente nei confronti dei bambini; non li vedono come mini-umani ma come strane creature con voci forti, movimenti bruschi ed emozioni melodrammatiche. I bambini spaventano e affascinano la maggior parte dei cani. La triste realtà è che oltre il 60% delle vittime di morsi di cane sono bambini. Il 75% di questi morsi sono morsi al viso. L'unico modo per evitare che il tuo cane diventi parte di quella statistica è socializzare il tuo cane con i bambini fin dalla tenera età.

È molto importante socializzare il tuo cane con bambini di tutte le età; basta supervisionare attentamente ogni interazione insieme. Inoltre, man mano che il tuo Maltipoo diventa adulto, è importante continuare a socializzare il tuo cane con i bambini, poiché può dimenticare rapidamente come comportarsi con loro.

Come gestire un incontro con qualcuno di nuovo:

1. Porta alcuni premi in tasca per premiare il tuo cane dopo aver incontrato qualcuno di nuovo ed essersi comportato correttamente. Puoi anche dare alla nuova persona alcuni premi da condividere con il tuo Maltipoo.
2. Chiedi alla persona di sedersi; posiziona il tuo Maltipoo vicino a essa. Di' alla persona di ignorare semplicemente il tuo Maltipoo.
3. Lascia che il tuo Maltipoo faccia la prima mossa: quando inizia ad annusare la nuova persona, questa può dargli un biscotto e provare ad accarezzarlo.
4. Evita movimenti improvvisi che potrebbero spaventare il tuo cucciolo.
5. Loda il tuo cucciolo dopo che ha fatto amicizia con la nuova persona.
6. Se il tuo cucciolo rimane nervoso e a disagio, ripeti l'introduzione un altro giorno finché non è rilassato con la nuova persona.

Lascia che il tuo Maltipoo diventi multiculturale; fagli incontrare quante più persone possibile. Più persone incontra, meglio si comporterà nelle situazioni sociali. Incoraggia i bambini educati ad accarezzare il tuo Maltipoo e magari anche a dargli un premio. Fagli incontrare e salutare persone in sedia a rotelle, fattorini, persone con voci profonde, suore, persino persone senza fissa dimora che raccolgono bottiglie. La chiave è insegnargli che non c'è nulla di cui aver paura, che tutti sono amici e nessuno vuole fargli del male o farne a te.

Socializzare con il postino

Perché la maggior parte dei cani odia il postino? Sembra un cliché, ma è vero: i cani odiano il postino.

Beh, non è solo il postino; può essere il ragazzo delle pizze, il corriere UPS o SDA, praticamente chiunque si avvicini alla tua porta di casa è il Nemico Pubblico N.1 e, agli occhi del tuo cane, merita di essere abbaiato senza pietà.

Come puoi ridurre questo comportamento? Iniziamo con le ragioni per cui il tuo Maltipoo non ama queste persone.

1. **Invasione del territorio :** i Maltipoo possono diventare piuttosto territoriali; dal punto di vista del tuo cane, queste persone sono invasori e stanno violando la sua proprietà privata.

2. **Il postino ritorna :** quando il postino se ne va, il tuo cane è contento perché gli dà l'impressione di aver ascoltato i suoi abbai e ringhi di avvertimento. Ma immagina come si sente il tuo cane quando lo stesso tizio torna il giorno dopo, e il giorno dopo ancora, e il giorno dopo ancora! Il tuo cane prende la visita quotidiana del postino come un insulto personale.

3. **Rilascio di sostanze chimiche :** ogni volta che il tuo cane è provocato e arrabbiato, il suo cervello rilascia diversi ormoni o sostanze chimiche che creano dipendenza. Questo rilascio chimico è la ragione del comportamento negativo ripetuto verso il postino.

4. **Le abitudini diventano comportamenti :** se il comportamento aggressivo del tuo cane verso il postino non viene corretto, viene diretto verso chiunque si avvicini alla porta d'ingresso e persino verso qualsiasi rumore che non gli piace, come il clacson di un veicolo. Permettere al tuo cane di abbaiare al postino può portare a seri problemi comportamentali più avanti nella vita che saranno molto difficili da correggere.

Come puoi insegnare al tuo Maltipoo ad apprezzare il postino?

Inizia presto a insegnare al tuo Maltipoo ad accettare il postino, se possibile proprio dal primo giorno in cui lo porti a casa. Metti un premio nella cassetta delle lettere e di' al tuo postino di venire subito a conoscere il tuo nuovo cane. Questo insegnerà al tuo cucciolo che il postino è un amico e sarà ansioso di dargli il benvenuto in casa.

Un altro modo pratico per presentare il tuo Maltipoo al postino è farlo su un terreno neutro. Prima che il tuo postino arrivi a casa tua, tieni il tuo Maltipoo al guinzaglio e incontralo a qualche casa di distanza dalla tua. Il tuo postino può dargli un premio e camminare insieme a voi fino a casa tua. Il tuo Maltipoo non si renderà nemmeno conto di star facendo amicizia con il postino finché non sarà troppo tardi. Dovrai ripetere questo processo alcune volte.

Assicurandoti che abbia familiarità con il postino, puoi evitare che il tuo cane abbai ai visitatori man mano che cresce.

Sei chiavi per avere un cane ben equilibrato e socializzato:

Prima inizi il processo di socializzazione, meglio è. Continuare a presentare il tuo cane a nuove persone e animali per tutta la sua vita lo aiuterà a comportarsi correttamente con gli altri.

Questi sei suggerimenti possono essere applicati a cani di qualsiasi età, anche se socializzare un cane più anziano che ha problemi con gli estranei potrebbe richiedere più tempo. Ricorda: con pazienza e coerenza, tutto è possibile.

1. Fallo sentire sicuro e protetto: La paura porta all'aggressività e al nervosismo. Quando presenti il tuo Maltipoo a una nuova situazione o persona, assicurati che il tuo cane si senta sicuro e protetto. Come puoi farlo? Lascia che incontri la nuova persona o animale alle sue condizioni. Stai vicino al tuo cane in modo che possa nascondersi tra le tue gambe se necessario. Se incontra una persona, chiedi a questa di dargli un premio e di parlare con voce bassa.

2. Insegna al tuo cane come giocare senza mordere: se permetti al tuo cane di morderti quando gioca, quando incontrerà una nuova persona o cane, assumerà che mordere sia un modo accettabile di giocare. Potrebbe accidentalmente mordere un cane più grande e ricevere un morso più grave in cambio, oppure potrebbe mordere un bambino piccolo in faccia e dover essere soppresso.

3. Insegna al tuo cane a interagire con altri animali e tutti i tipi di persone: assicurati che il tuo Maltipoo incontri quante più persone diverse di etnie diverse, alti e bassi, grassi e magri, con barbe e bastoni o ombrelli. Con gli animali, presentalo a gatti, altri cani e qualsiasi cosa si muova. Inoltre, quando sente nuovi rumori, vai a investigare con lui in modo che possa vedere che questi rumori non sono una minaccia per nessuno di voi due.

4. Insegna al tuo cane che sei tu il capo del branco: il capo del branco protegge il branco e il tuo Maltipoo si rivolgerà a te per protezione. Se è abituato ad avere il controllo e a prendere le proprie decisioni, assumerà la responsabilità di essere il tuo capo del branco. Poi, quando si troverà di fronte a un estraneo o a una nuova situazione, andrà in panico e inizierà ad abbaiare e ad agire in modo aggressivo perché crede di doverti proteggere.

5. Insegna al tuo cane a seguire il tuo esempio: il tuo Maltipoo percepisce il tuo atteggiamento e le tue reazioni. Quando incontri una nuova persona, tendi la mano e stringila; se è un vecchio amico, dagli un abbraccio, ecc. Il tuo cane osserverà il tuo comportamento e molto probabilmente permetterà alla persona di accarezzarlo. Quando incontri un altro cane, puoi accarezzarlo per mostrare al tuo cane che è amichevole e gentile. Fai lo stesso con altri animali che tu e il tuo Maltipoo potreste incontrare; lui seguirà il tuo esempio.

6. Addestra il tuo cane in base alla sua età: i cuccioli non possono gestire più di tre o quattro nuovi compiti al giorno; i cani adulti forse quattro o cinque nuovi compiti al giorno. I cani più anziani o i cani

salvati non possono gestire più di due o tre nuovi compiti al giorno, forse anche meno. Se il tuo cane non ha reagito bene a una nuova situazione, ma era calmo, assicurati di lodarlo. Questo aumenterà la sua fiducia in sé stesso.

Promemoria quando socializzi il tuo Maltipoo

Ricorda che la socializzazione e l'addestramento all'obbedienza dovrebbero essere divertenti. Se il tuo cane si diverte a incontrare nuove persone e cani o a imparare nuovi comandi, imparerà più velocemente rispetto a quanto farebbe se l'attività risultasse un peso o noiosa. Cerca di mantenere l'addestramento divertente.

Se il tuo Maltipoo è piuttosto nervoso o timido, prenditi il tuo tempo. Non è una gara per insegnare al tuo cane nel modo più veloce: devi insegnargli a una velocità che funzioni per lui e lo faccia sentire a suo agio.

Ogni anno, migliaia di cani vengono soppressi per cattivi comportamenti che avrebbe potuto essere evitati, dedicando del tempo a insegnare loro quelli corretti quando erano più giovani. Non lasciare che il tuo Maltipoo diventi una di queste statistiche.

Conclusione

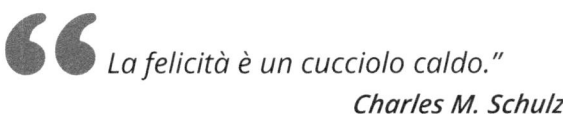

La felicità è un cucciolo caldo."
Charles M. Schulz

Il tuo Maltipoo ha trovato l'elisir per rimanere un eterno cucciolo, grazie ai geni ereditati dal Barboncino e dal Maltese. Il tuo Maltipoo ti darà una vita intera di compagnia fedele e gioia.

I Maltipoo sono cani molto intelligenti che desiderano ardentemente compiacere i loro proprie-tari, rendendoli uno dei cani più facili da addestrare. Sono l'animale domestico ideale per pro-prietari alle prime armi o per persone anziane che non hanno la mobilità necessaria per adde-strare un cane iperattivo o dal temperamento testardo. I Maltipoo sono apprezzati per la loro personalità tranquilla.

In queste pagine c'è tutto quello che devi sapere sul tuo cucciolo di Maltipoo. Ti aiuterà a far crescere il tuo Maltipoo come un cane felice, ben educato e obbediente. I suggerimenti forniti in questo libro ti aiuteranno ad addestrare un cucciolo o anche un Maltipoo adulto che potrebbe essere stato salvato da una casa in cui subiva maltrattamenti.

L'unica cosa che questo libro non ti aiuta a fare è scegliere il nome perfetto per il tuo Maltipoo. Lasciamo questo compito difficile a te!

Il capitolo sull'educazione ai bisogni del tuo Maltipoo discute vari metodi su come educare il tuo cucciolo. Se segui i suggerimenti dati, dovresti essere riuscito ad addestrare il tuo Maltipoo in meno di una settimana. Se il tuo Maltipoo è più grande, ci vorrà un po' più di una settimana e più pazienza per educarlo ai bisogni.

Questo libro fornisce anche consigli pratici su come prendersi cura della salute del tuo Maltipoo e come evitare future malattie. Vengono dati molti dettagli su come toelettare il tuo Maltipoo da solo e come spazzolargli i denti.

Come per tutto nella vita, ne ricavi quello che ci metti dentro. Più tempo ed energia sarai dispo-sto a dedicare all'addestramento e al legame con il tuo Maltipoo, più ben addestrato e ben edu-cato sarà il cane che avrai. Non lasciare l'addestramento al caso sperando che diventi auto-mati-camente addestrato; non succederà.

Questo libro discute anche l'importanza di diventare il capo branco del tuo Maltipoo. Questo lo aiuterà a fidarsi di te e ad imparare ad avere fiducia in se stesso. Se sa che sei il capo branco dominante, non soffrirà di ansia da separazione e avrà migliori abilità sociali con altre persone e animali.

Come hai imparato, la maggior parte dei problemi di salute a lungo termine che il tuo Maltipoo potrebbe avere sono dovuti a cattive pratiche di allevamento. Assicurati di investigare la storia sanitaria dei genitori del tuo futuro Maltipoo e assicurati che abbiano un certificato di buona salute. Un po' di ricerca ora potrebbe risparmiarti molto dolore in futuro.

Ti auguriamo una lunga e felice vita insieme a te e al tuo Maltipoo, e possa questo libro diven-tare il tuo manuale per capire e addestrare il tuo Maltipoo.

Maltipoo felice, vita felice!

www.ingramcontent.com/pod-product-compliance
Lightning Source LLC
Chambersburg PA
CBHW071748120626
46550CB00002B/711